Curso de Construção de Algoritmos (com Java)

Alfredo Braga Furtado
Valmir Vasconcelos de Araújo

Outros livros recentes do Prof. Alfredo Braga Furtado

Pedidos de exemplares podem ser feitos para abf@ufpa.br ou por abfurtado.com.br

ISBN 9788591347315

978-85-913473-1-5

Valmir Vasconcelos de Araújo

Possui formação de nível técnico em Eletrônica, pelo Instituto Monitor (São Paulo – SP, 1989). Trabalhou com Assistência Técnica Autorizada de 1990 a 2009. Atualmente está cursando Bacharelado em Sistemas de Informação (UFPA) e trabalhando como Técnico Administrativo na área pública, sendo também, o responsável pela manutenção do Sistema de Informação da Central de Abastecimento Farmaceutico do Hospital Municipal de Parauapebas. Estuda linguagens de programação e desenvolvimento de software desde 2001. Possui interesse pelas áreas de Engenharia de Software, Banco de Dados e Programação Orientada a Objetos, em especial Java.

Alfredo Braga Furtado

Alfredo Braga Furtado possui Mestrado em Informática pela PUC/RJ. Analista de Sistemas (da UFPA) de 1976 a 1995, e Professor Universitário (UFPA) desde 1978. É doutorando em Educação Matemática (Modelagem Matemática) do IEMCI/UFPA. Atua em Engenharia de Software e Metodologia Científica. Já orientou mais de 250 trabalhos de conclusão de curso, entre graduação (Ciência da Computação e Sistemas de Informação) e pós-graduação lato sensu (Análise de Sistemas, Gerência de Projetos de Software e Sistemas de Banco de Dados). É escritor, com cinco livros publicados (quatro livros técnicos e um livro infantil). Os dois últimos livros publicados são 'Prática de Análise e Projeto de Sistemas' (2010 e 'A Tartaruga Sapeca' (2012).

Sobre a obra:

Trata-se de uma obra destinada a quem deseja iniciar-se em programação, mas não domina ainda a lógica de construção de programas. Está estruturada em duas partes: a primeira trata da construção de algoritmos e a segunda apresenta os mesmos algoritmos codificados em Java. Os algoritmos escolhidos são apresentados em nível crescente de complexidade, permitindo ao leitor dominar, paulatinamente, a técnica de construção de programas e iniciar-se na linguagem de programação Java.

Curso de Construção de Algoritmos (com Java) – A. B. Furtado e V. V. de Araújo

Editoração Eletrônica
José Maria Sales Cordeiro

Capa
Manoel Januário da Silva Neto

Revisão
Alfredo Braga Furtado
Valmir Vasconcelos de Araújo
Alfredo André Delgado Furtado
Fernando Allan Delgado Furtado.

Furtado, Alfredo Braga, 1955-; Araújo, Valmir Vasconcelos de, 1971-.
Curso de Construção de Algoritmos (com Java) / Alfredo Braga Furtado
e Valmir Vasconcelos de Araújo. Belém: abfurtado.com.br, 2013.

ISBN: 978-85-913473-1-5

226 p.

1. Construção de Algoritmos. Programação. Java. I. Título.

Dedicatória – Alfredo Braga Furtado

Para Matheus Paes Furtado (in *memoriam*), meu pai;

Para Beatriz Braga Furtado, minha mãe;

Para Alfredo André e Fernando Allan, meus filhos;

Para minha musa, inspiradora dos sentidos, com carinho;

Para a Profa. Katy Motinha que contribuiu duplamente para a realização desta obra: com seu convite para que eu voltasse a ter contato com a Lógica de Programação (que possibilitou a elaboração da versão inicial do material que resultou neste livro) e por, de certa forma, também possibilitar o tempo para a escrita desta obra.

Dedicatória – Valmir Vasconcelos de Araújo

Para Antônio Braz de Araújo (in *memoriam*), meu pai;

Para Raimunda Vasconcelos de Araújo (in *memoriam*), minha mãe;

Para Bruna e Tiago, meus filhos;

Para Francisca Vasconcelos de Araújo, minha irmã;

Para minha querida esposa, Maria Laurete, pela compreensão, carinho, apoio e incentivo, durante esses 18 anos em que estamos casados.

Prefácio

Profissionalmente, foi como programador de computadores que iniciei minha carreira em Computação. Depois, afastei-me da programação, ficando só no trabalho como analista de sistemas.

Cheguei a ministrar disciplinas de programação no início de minha carreira docente. Depois, fixei-me, por um bom tempo, nas disciplinas de análise e projeto de sistemas e, mais amplamente, em engenharia de software.

Há uns poucos anos recebi incumbência inesperada de retornar a uma disciplina introdutória à programação de computadores. Eu não mais dispunha de material para conduzir a disciplina sem antes investir grande esforço no trabalho de preparação. Aceita a incumbência, tive que começar a escrever um material de apoio para os alunos. Este material evoluiu para o presente livro.

De princípio, a ideia era que o livro versasse só sobre algoritmos. Mas, sabendo que eu tinha interesse de ampliar o escopo do livro, com a inclusão da codificação dos algoritmos em Java, meu aluno Valmir Vasconcelos de Araújo (Sistemas de Informação de Parauapebas/PA) chamou para si esta tarefa.

Assim, trazemos à lume (eu e o Valmir) uma obra mais completa, atingindo, ao mesmo tempo, além dos que buscam domínio na lógica de programação, também aos que buscam uma iniciação em programação com a Linguagem Java.

Esperamos ter atingido plenamente estes objetivos.

Alfredo Braga Furtado (Belém/PA, Janeiro/2013)
Valmir Vasconcelos de Araújo (Parauapebas/PA, Dezembro/2012)

SUMÁRIO

Introdução

Este livro destina-se aos iniciantes em lógica de programação e em programação com a linguagem Java. Foi preparado com o objetivo de ser utilizado em cursos introdutórios de construção de algoritmos e de programação de computadores com a linguagem Java.

O livro é estruturado em duas partes: a primeira – Construção de Algoritmos; a segunda – Codificação em Java. Na primeira parte, há uma breve apresentação da pseudolinguagem utilizada na escrita dos algoritmos. Em seguida, a partir do capítulo 3, são apresentados e explicados algoritmos que usam variáveis simples, numa sequência de complexidade crescente. Nos capítulos seguintes (até o 6) são mostrados algoritmos que usam variáveis compostas unidimensionais, bidimensionais e arquivos sequenciais.

De um algoritmo para o próximo, às vezes, há pequena mudança no enunciado para que o leitor perceba as implicações que a alteração acarreta no algoritmo inicial.

Na segunda parte do livro, os algoritmos constantes da primeira são codificados em Java; os programas são executados e os resultados produzidos são mostrados para acompanhamento pelo leitor.

Para localizar a codificação referente a um dado algoritmo adotamos o seguinte método: os programas são mostrados na mesma ordem em que aparecem os algoritmos. O item em que o pseudocódigo foi escrito e em que aparece na primeira parte do livro é acrescido da seção em que os algoritmos são implementados em Java. Desta forma, por exemplo, para localizar o programa correspondente ao pseudocódigo do item 3.1 (capítulo 3, primeiro algoritmo mostrado) basta acrescentar sempre 7.6 no início deste código. Portanto, 7.6.3.1 será o item a procurar para chegar ao programa correspon-dente. Para localizar o programa referente ao pseudocódigo do item 5.6 (capítulo 5, sexto algoritmo), busca-se o item 7.6.5.6 na parte 2 do livro.

Comentários, sugestões, críticas são bem-vindos. O sítio abfurtado.com.br possibilita contato com os autores, como também contém atualizações sobre a obra.

No sítio abfurtado.com.br encontram-se todos os programas constantes do Capítulo 7, com os dados de entrada/saída utilizados para teste de cada programa.

PARTE I: CONSTRUÇÃO DE ALGORITMOS

Capítulo 1: CONSTRUÇÃO DE ALGORITMOS

1.1 Conceito de Algoritmo

Algoritmo é definido como uma sequência ordenada de passos para solução de um dado problema por computador. Normalmente a linguagem utilizada na formulação da solução do problema é uma linguagem intermediária em relação à linguagem natural (português, inglês, ou outra) e à linguagem de programação. Chama-se esta línguagem intermediária de pseudolinguagem por não ser efetivamente uma linguagem cujo código escrito em concordância com suas regras sintáticas seja compreendido por um tradutor de linguagem de programação (compilador ou interpretador). Pretende-se com a utilização de uma pseudolinguagem que haja concentração na identificação e ordenação dos passos que levem à solução do problema, e não juntar esta preocupação com outra: no caso, a observância a regras sintáticas rígidas, características de uma linguagem de programação. Busca-se resolver um problema e tem-se como primeira tarefa a elaboração da sequência ordenada de passos que o solucionem. As operações relacionadas devem guardar proximidade com as operações disponíveis nas linguagens de programação, de modo que possibilitem avaliar se a sequência de operações, quando traduzida para uma linguagem de programação, consegue efetivamente resolver o problema por computador; e mais: esta tarefa de tradução não deve ser difícil de ser realizada. A grande dificuldade presente neste trabalho reside em produzir uma solução (o algoritmo) composta somente com operações que os computadores conseguem executar (e que se encontram disponíveis nas linguagens de programação).

As estruturas de controle que os computadores executam naturalmente são de três tipos: sequência, seleção e repetição (estas são as construções básicas da chamada programação estruturada – e encontram-se disponíveis em todas as linguagens de programação). Desta forma, solucionar um problema por computador pressupõe utilizar combinações destas três operações para compor a solução. E isto é feito para qualquer que seja o problema [FURTADO, 1984].

Por isso, a tarefa de ensinar programação de computadores começa necessariamente pelo domínio deste conjunto de operações, de saber como funcionam, de como combiná-las adequadamente para resolver o problema desejado e, consequentemente, produzir o algoritmo correspondente. Não é simples a tarefa; ela exige mudança de comportamento para o iniciante. A solução de um problema matemático, por exemplo, obtém-se seguindo um dado procedimento (é também um algoritmo). Obter a solução do mesmo problema por computador exige, adicionalmente, que se levem em conta operações predeterminadas – aquelas três citadas, que os computadores são capazes de executar. Acostumar com este raciocínio é a principal barreira que precisa ser vencida.

Quando há o domínio da lógica de programação, o aprendizado de qualquer linguagem de programação fica facilitado, pois se resumirá em saber como traduzir o algoritmo para aquela linguagem de programação específica. Como a base de tudo é a lógica de programação, todo este aprendizado é utilizado na construção de programas naquela linguagem de programação.

Por isso, pode-se afirmar que o domínio da construção de algoritmos é a base para qualquer curso de computação, seja Ciência da Computação, seja Sistemas de Informação, seja Engenharia de Computação, seja Licenciatura em Computação. E é por onde qualquer destes cursos começa. Uma falha no aprendizado aqui compromete a sequência do curso: a disciplina de Programação de Computadores, com a primeira linguagem de programação, será atingida por esta falha; depois, a disciplina Estrutura de Dados, e segue ainda com várias outras disciplinas afetadas pela deficiência trazida de algoritmos. Isto recomenda esforço para buscar o domínio pleno na construção de algoritmos. Este esforço é concretizado por meio de dezenas, centenas até, de algoritmos construídos, testados, refeitos se necessário. É indispensável dizer que não há outro caminho para alcançar o domínio na construção de algoritmos: só a prática de construção confere este domínio.

Com respeito ao ensino de construção de algoritmos, pode-se assegurar: a tarefa não é para professor principiante. Incutir uma nova abordagem para solução de problemas exige muito mais que disseminar um conhecimento específico: exige solucionar problemas, dosados desde o mais simples que se possa conceber até atingir aqueles que fazem parte do ambiente dos programadores.

Neste livro o leitor encontra uma sequência de exercícios que levam ao aprendizado da técnica de construção de algoritmos, partindo de problemas simples, até chegar em problemas encontráveis na prática de programação. O que é apresentado é fruto da experiência com o ensino de algoritmos e a vivência de programação, que foram amadurecidas ao longo de muitos anos, por meio de experimentações, contínuas e rigorosas avaliações, até chegar a uma prática que se tem mostrado efetiva (mas que, obviamente não é definitiva, e que deverá ser sempre aprimorada, pois, afinal, a busca pela perfeição não tem fim).

1.2 Uma Analogia

Uma analogia de algoritmo que se pode apresentar no cotidiano é o roteiro para fazer uma ligação de um telefone público. Estão lá os seguintes passos:

```
1) Retirar o fone do gancho;
2) Verificar se há sinal de linha livre;
3) Se há sinal então
                Teclar o número do telefone a chamar
                Se sinal ocupado então
                        Voltar ao passo 2)
                Fimse
                Aguardar atendimento
                Se ligação atendida então
                        Falar
                        Encerrar
                Fimse;
    Fimse.
4) Fim.
```

Outros exemplos da ideia de algoritmo presentes em nosso cotidiano: instruções de instalação constantes em manuais de equipamentos, receitas culinárias, etc.

O conceito de algoritmo é apresentado por meio de exemplos extraídos do cotidiano do aluno (exemplos citados: roteiro para instalar um equipamento conforme consta do manual de instruções; roteiro de ações para trocar uma lâmpada; roteiro de ações para preparar um bolo ou receita culinária) e depois descrever a pseudolinguagem que será usada na escrita dos algoritmos. As três instruções básicas (sequência ou concatenação, seleção ou se-então-senão [*if-then-else*] e repetição são apresentadas com muitos exemplos ilustrativos, inclusive com a forma gráfica (fluxograma) nos exemplos iniciais, apesar de não se explorar esta forma de construção pelo desuso. Antes de apresentar estas construções, alguns conceitos básicos são ilustrados (constante, variável, regras para formação de expressões - aritméticas, lógicas e literais) com exercícios. Segue-se a apresentação dos comandos de atribuição e de entrada e saída.

Para efeito de ilustração, são apresentados a seguir alguns exercícios ordenados por complexidade crescente.

17

1.3 Pseudolinguagem Estruturada

Para a escrita dos passos que compõem o algoritmo que soluciona dado problema poderíamos utilizar uma linguagem natural (a língua portuguesa, por exemplo). Não seria boa escolha pelo fato de não se conseguir escrever com o formalismo necessário para posterior tradução para uma linguagem de programação. Além disso, há possibilidade de se escrever instruções ambíguas ou vagas. Um algoritmo deve ser formal, consistente e íntegro. Por esta razão, opta-se pelo uso de uma pseudolinguagem – que é um subconjunto da linguagem natural – orientado para o conjunto de instruções que o computador é capaz de executar. As instruções constantes da pseudolinguagem encontram-se disponíveis nas linguagens de programação. Assim, ao escrever o algoritmo na pseudolinguagem, escapa-se dos problemas da linguagem natural e, ao mesmo tempo, aproxima-se a escrita das instruções disponíveis nas linguagens de programação, facilitando consequentemente a tradução do pseudocódigo em código-fonte na linguagem de programação escolhida para a implementação do programa.

No capítulo seguinte a pseudolinguagem empregada na escrita dos algoritmos é descrita.

Capítulo 2: LÓGICA DE PROGRAMAÇÃO: ITENS FUNDAMENTAIS

Neste capítulo a pseudolinguagem empregada na construção dos algoritmos é detalhada. Os tipos de dados manipulados pela pseudolinguagem são descritos, como também os tipos de variáveis, as expressões aritméticas, as funções predefinidas, as expressões lógicas, as expressões literais e os comandos principais. Todos os elementos básicos presentes nas linguagens de programação são descritos neste capítulo. Eles compõem a pseudolinguagem utilizada, e aparecerão nos algoritmos mostrados.

2.1 Constante

É um valor fixo que aparece num algoritmo. As constantes podem ser: numéricas, literais (ou caracter) e lógicas.

Constante numérica

Apresenta um valor numérico, com ou sem casa decimal. Exemplos de constantes numéricas: 299, -15, 1, 3.14, 0.755. Para valores muito grandes ou muito pequenos é possível utilizar a notação com expoentes: -0.23×10^{-9}, 3.5×10^8. Observe que é utilizada a notação de ponto decimal para separar as casas inteiras das casas decimais. Em português, usa-se a vírgula como separador da parte inteira das casas decimais. As linguagens de programação normalmente adotam a notação americana (ponto decimal ao invés de vírgula decimal), mas é possível inverter anotação de modo a se utilizar a vírgula como separadora de casas decimais.

As constantes numéricas aparecem em expressões aritméticas.

Constante literal (ou caracter):

Contém qualquer sequência de caracteres válidos (algarismos, letras, caracteres especiais), delimitados por aspas. Exemplos de constantes literais: "código inválido", "12345", "JTG5090", "Número de alunos: ", "abf@ufpa.br".

As constantes literais aparecem em expressões literais.

19

Constante lógica:

Contém um valor lógico ("verdadeiro" ou "falso"); estas constantes aparecem em expressões lógicas (como mostrado adiante).

2.2 Variável:

Representa um elemento que aparece num algoritmo e que pode assumir diferentes valores ao longo da sua execução. Num dado momento, uma variável pode apresentar um valor, num outro momento pode conter valor diferente. Na matemática, as variáveis representam elementos de um dado conjunto. Também é assim na lógica de programação. Há, porém, uma particularidade: na lógica de programação, para cada variável está associada uma posição da memória (principal) do computador durante todo o tempo de execução do algoritmo. Portanto, a cada instante um só valor está armazenado numa dada variável.

As linguagens de programação apresentam regras para criação de nomes de variáveis. Neste texto, adota-se uma regra de formação comum à maioria das linguagens: deve iniciar por uma letra maiúscula, não se pode utilizar caracteres especiais (salvo o traço de sublinhar), o comprimento (ou número de caracteres) máximo da variável é de 30 caracteres. É importante que os nomes escolhidos para as variáveis sejam significativos, ou seja, expressem a função da variável no algoritmo. Por exemplo, se o programador vai criar uma variável para conter a informação "data de nascimento do aluno", ele deveria escolher, por exemplo, DATA_NASC ou DATANASCIMENTO. É conve-niente que o nome seja significativo, mas não tão longo, para não exigir muito esforço para sua escrita.

Exemplos de nomes válidos para variáveis: A, A200, BB250, CONTA, SEXO, MATRICULA. Os três primeiros nomes são válidos, mas não são adequados para variáveis, pois não sugerem a informação que será armazenada nelas. As três variáveis seguintes sugerem o tipo de informação que vão armazenar: uma conta (bancária), uma informação do sexo de uma pessoa (masculino ou feminino) e uma matrícula (de um aluno, de um empregado, etc.).

Alguns exemplos de variáveis inválidas: 1AB (começa com algarismo), A*B (apresenta um caracter especial – o asterisco), ab (utiliza letras minúsculas). Observe-se que a exigência da utilização de letras maiúsculas é uma convenção adotada nas normas da pseudolinguagem usada neste texto. As linguagens de programação não a adotam.

20

Outra particularidade em relação à utilização das variáveis nos algoritmos é a exigência de serem declaradas antes de aparecer em qualquer comando. Os algoritmos obedecem ao seguinte esquema:

```
Algoritmo.
- declare variável1, variável2,... tipodainformação1;
...
- declare variável1, variável2,... tipodainformação2;
      ...
      comando1;
      comando2;
      ...
      comandon;
fimalgoritmo.
```

Observe que o algoritmo começa pela palavra "Algoritmo" e termina por "fimalgoritmo". A declaração das variáveis é iniciada pela palavra **declare** minúscula, sublinhada. As palavras que constam da pseudolinguagem são escritas sempre em minúsculas e sublinhadas. O **tipodainformação** apresentará o tipo padrão da informação a ser armazenada nas variáveis da lista: **numérico, literal ou lógico** (escrito com letras minúsculas, sublinhadas).

```
Exemplos de declarações de variáveis:
declare SEXO, NOME, ENDERECO literal;
declare SALARIO, IMPOSTO, IDADE numérico;
```

A primeira declaração informa que SEXO, NOME e ENDERECO são variáveis do tipo literal, ou seja, vão armazenar caracteres (letras, algarismos e caracteres especiais). A segunda declaração informa que SALARIO, IMPOSTO e IDADE são variáveis que vão armazenar números.

Depois das declarações, o algoritmo apresenta os comandos que manipulam as variáveis declaradas.

Ao longo de todo o algoritmo vale o seguinte: as palavras da pseudolinguagem são escritas em minúsculas, sublinhadas; as variáveis (que são criadas pelo programador) são escritas com letras maiúsculas. Esta convenção é adotada para que o leitor se acostume a identificar as palavras reservadas da linguagem e aquelas que são criadas pelo programador.

2.3 Comentários

Para garantir rápida compreensão, recomenda-se a escrita de comentários antecedendo trechos mais importantes de um algoritmo. Da mesma forma, ao declarar cada variável, pode-se escrever pequena descrição da sua função no algoritmo, mormente quando o próprio nome não seja suficiente-mente mnemônico.

Podem-se inserir comentários em qualquer ponto que o programador julgar conveniente. O formato é o seguinte:

{comentários}

Exemplos:
declare AC_SOMA, {variável que obtém somatório de valores lidos}
        CONT_VALOR {contador de valores do intervalo [100, 200]}
            numérico;

2.4 Expressões aritméticas

Como na Matemática, uma expressão aritmética contém operadores aritméticos e constantes e/ou variáveis declaradas como numéricas. Os operadores aritméticos da pseudolinguagem são:

+ adição
- subtração
* multiplicação
/ divisão
** potenciação
** radiciação (representada por potenciação de expoente na forma de fração).

Exemplos de expressões aritméticas:

A + 1
A ** 2 + B ** 2 / C
B ** 2 – 4 * A * C
(B ** 2 – 4 * A * C) ** (1/2)
SOMA / CONT_ALUNOS

Prioridade de execução das operações aritméticas:

Primeiramente são executadas as operações de potenciação e radiciação (a que aparecer mais à esquerda); depois, as operações de multiplicação e divisão (a que aparecer mais à esquerda) e, por fim, as operações de adição e subtração (a que aparecer mais à esquerda). Como na matemática, o uso de parênteses quebra esta sequência de prioridade: a expressão que aparecer entre parênteses será a primeira a ser calculada, qualquer que seja a operação a ser executada, independentemente da ordem de execução apresentada a seguir.

Ordem	Operação
1	Potenciação, radiciação
2	Multiplicação, divisão
3	Adição, subtração

Portanto, na expressão: (A + B) * C
será feita a adição de A com B e depois o resultado é multiplicado pelo valor contido em C.

Na expressão: A / B * C
como os operadores de divisão e multiplicação têm mesma precedência, a operação de divisão será a primeira executada por aparecer mais à esquerda; depois o quociente da divisão de A por B é multiplicado pelo valor contido em C.

2.5 Funções

As linguagens de programação dispõem de funções, que realizam tarefas específicas. São as funções predefinidas e as funções criadas pelo programador. São exemplos de funções predefinidas as funções matemáticas: dentre várias outras existentes, podemos citar: função para extrair a raiz quadrada (RQ), função para obter o quociente inteiro da divisão de duas expressões aritméticas (QUOCIENTE), função para obter o resto da divisão inteira de duas expressões aritméticas (RESTO). Uma outra função que utilizaremos é a função FDA, para identificar se o fim de um arquivo sequencial foi alcançado.

RQ(E) – retorna a raiz quadrada do valor numérico contido na expressão aritmética E. Por exemplo: RQ(A), com A contendo 9, retorna o valor 3.

QUOCIENTE(E1,E2) – retorna o quociente inteiro da divisão da expressão aritmética E1 pela expressão aritmética E2. Por exemplo, se E1 vale 10 e E2 vale 3, a função retorna o valor 3; se E1 vale 12 e E2 vale 3, a função retorna 4.

RESTO(E1, E2) – retorna o resto da divisão inteira entre a expressão aritmética E1 e a expressão aritmética E2. Por exemplo, se E1 vale 10 e E2 vale 3, a função retorna o valor 1; se E1 vale 12 e E2 vale 3, a função retorna 0.

FDA() – retorna <u>verdadeiro</u> se o fim do arquivo sequencial for alcançado e retorna <u>falso</u> se o fim do arquivo sequencial não for alcançado.

As funções são subprogramas implementados para realizar tarefas específicas. As funções criadas pelo programador constituem recurso poderoso de programação, por permitirem a ampliação dos componentes predefinidos. Desta forma, escreve-se a função uma única vez e, a partir daí, pode-se utilizá-la indefinidamente, somente fazendo sua chamada onde necessário. Uma grande vantagem de utilização deste recurso: a possibilidade de reutilização de componentes diminui o tempo de escrita de programas. As linguagens de programação dispõem de mais de uma forma de implementação de subprogramas. Foge ao escopo deste livro introdutório o tratamento de funções ou procedimentos criados pelo programador.

2.6 Expressões lógicas:

São aquelas cujos operadores são lógicos e cujos operandos são relações, constantes e/ou variáveis do tipo lógico (as variáveis lógicas são aquelas que armazenam valores <u>verdadeiro</u> ou <u>falso</u>).

<u>Relações</u>: são comparações entre dois valores de mesmo tipo básico. Estes valores são representados na relação por meio de constantes, variáveis ou expressões aritméticas, estas últimas para o caso de valores numéricos. Um exemplo de relação seria (**A** e **B** são variáveis declaradas como variáveis do tipo inteiro):

A > B

Esta relação, quando avaliada, resulta em um valor <u>verdadeiro</u> ou <u>falso</u>. Por exemplo, se a variável **A** contiver o valor 5 e a variável **B** contiver o valor 3, teríamos:

5 > 3

Quando avaliada esta relação, resulta um valor <u>verdadeiro</u>.
Se A contiver 10 e B contiver 20, teríamos:

10 > 20

Quando avaliada esta relação, resulta um valor <u>falso</u>.

Abaixo são listados todos os operadores relacionais.

Operadores relacionais:

Operador	Significado
=	igual a
≠	diferente de
>	maior que
<	menor que
≥	maior ou igual a
≤	menor ou igual a

O resultado obtido de uma relação é sempre um VALOR LÓGICO.

Exemplos de relações são listados abaixo:

1) A >= B   (resulta <u>verdadeiro</u> se o conteúdo da variável A for maior ou igual ao conteúdo da variável B; será <u>falso</u> em caso contrário).

2) VAL > 100   (resulta <u>verdadeiro</u> se o conteúdo da variável VAL for maior que 100; será <u>falso</u> em caso contrário)

3) B ** 2 – 4 * C = 0   (resulta <u>verdadeiro</u> se o valor da expressão aritméticaB ** 2 – 4 * A * C for igual a zero; será <u>falso</u> em caso contrário)

4) A(I) > A(I+1)(resulta <u>verdadeiro</u> se o valor contido na variável A(I) for maior que o valor contido na variável A(I+1); será <u>falso</u> em caso contrário; neste exemplo A não é uma variável simples: trata-se de uma variável *array* unidimensional ou vetor unidimensional; o valor da variável I indica o elemento do conjunto a que se está referindo; se I contiver o valor 1, teríamos A(1) > A(2)).

Operadores lógicos: usados para formar novas proposições a partir de outras já conhecidas. São três (**e** e **ou** são operadores binários – exigem dois operandos – e **não** é unário – exige um só operando):

Operador	Significado
e	Conjunção
ou	Disjunção
não	Negação

Exemplo de conjunção: na expressão abaixo temos duas relações compostas com o operador lógico **e**.

VAL >= 100 e VAL <= 200

Operando A	Operando B	Conjunção (e)
V	V	V
V	F	F
F	V	F
F	F	F

No exemplo acima, VAL >= 100 é o operando A e VAL <= 200 é o operando B. Dependendo do valor contido em VAL, a expressão lógica terá um resultado verdadeiro ou falso. Por exemplo, se VAL contém o valor 90, teríamos:

90 >= 100 e 90 <= 200

Note que a primeira relação resulta falso e a segunda relação resulta verdadeiro. Corresponde à terceira linha da tabela-verdade, e tem como resultado final falso.

Se VAL contém o valor 150, teríamos:

150 >= 100 e 150 <= 200

Note que a primeira relação resulta verdadeiro e a segunda relação resulta verdadeiro. Corresponde à primeira linha da tabela-verdade, e tem como resultado final verdadeiro.

Se VAL contém o valor 250, teríamos:

250 >= 100 e 250 <= 200

Note que a primeira relação resulta verdadeiro e a segunda relação resulta falso. Corresponde à segunda linha da tabela-verdade, e tem como resultado final falso.

Neste caso particular, não teríamos o caso da última linha, em que as duas relações resultassem falso. Isto porque, se atribuirmos um valor a VAL menor que 100, para resultar falso a primeira relação, este mesmo valor seria sempre menor que 200, tornando verdadeira a segunda relação.

Exemplo de disjunção: na expressão abaixo temos duas relações compostas com o operador lógico ou.

N = 0 ou N = 1

Operando A	Operando B	Disjunção (<u>ou</u>)
V	V	V
V	F	V
F	V	V
F	F	F

No exemplo acima, N = 0 é o operando A e N = 1 é o operando B. Dependendo do valor contido na variável N, a expressão lógica terá um resultado <u>verdadeiro</u> ou <u>falso</u>. Por exemplo, se N contém o valor 0 (zero), teríamos:

0 = 0 <u>ou</u> 0 = 1

Note que a primeira relação resulta <u>verdadeiro</u> e a segunda relação resulta <u>falso</u>. Corresponde à segunda linha da tabela-verdade, e tem como resultado final <u>verdadeiro</u>.

Se N contém o valor 1, teríamos:

1 = 0 <u>ou</u> 1= 1

Note que a primeira relação resulta <u>falso</u> e a segunda relação resulta <u>verdadeiro</u>. Corresponde à terceira linha da tabela-verdade, e tem como resultado final <u>verdadeiro</u>.

Se N contém o valor 5, teríamos:

5 = 0 <u>ou</u> 5 = 1

Note que a primeira relação resulta <u>falso</u> e a segunda relação resulta <u>falso</u>. Corresponde à quarta linha da tabela-verdade, e tem como resultado final <u>falso</u>.

Neste caso particular, não teríamos o caso da primeira linha, em que as duas relações resultassem <u>verdadeiro</u>. Isto porque, se atribuirmos o valor zero à variável N (a primeira relação seria verdadeira, portanto), consequentemente ele não será igual a 1 (obrigatoriamente, será falsa a segunda relação).

Exemplo de negação: abaixo temos uma relação com a negação (operador **<u>não</u>**). O operador **<u>não</u>** é aplicado à variável lógica TROCA:

<u>não</u> TROCA

Operando A	Negação (não)
V	F
F	V

No exemplo acima, há um único operando (A) – que corresponde à variável TROCA. Se TROCA contiver o valor verdadeiro (primeira linha da tabela-verdade), a expressão resultará falso.

Se TROCA contiver o valor falso (segunda linha da tabela-verdade), a expressão resultará verdadeiro.

Prioridade das Operações

Não havendo parênteses numa expressão lógica, a seguinte prioridade de avaliação será adotada:

Prioridade	Operador
1	Aritmético
2	Relacional
3	não
4	e
5	ou

Como visto nas expressões aritméticas, se houver parênteses, a relação entre parênteses será executada antes das outras, da esquerda para a direita. Havendo mais de um parêntese, a expressão contida no parêntese mais à esquerda será executada.

2.7 Expressões literais

São aquelas formadas pelo operador de concatenação e em que os operandos são constantes e/ou variáveis do tipo literal.

Supondo que A e B são variáveis literais que contêm, respectivamente, "PRO" e "VA" e que o símbolo "+" é um operador de concatenação de literais, a expressão

A + B

dá como resultado o literal "PROVA".

2.8 Comando de atribuição:

É o comando utilizado para atribuir um dado valor a uma variável; este valor deve ser compatível com o tipo que for declarado para a variável.

Forma geral:

identificador ← expressão

onde: **identificador** – é o nome da variável que receberá o valor da expressão (à esquerda do símbolo de atribuição);

← - símbolo de atribuição

expressão – pode ser uma expressão aritmética, lógica ou literal; sua avaliação produz o valor a ser atribuído à variável à esquerda do símbolo de atribuição.

Exemplos:

No comando abaixo temos a atribuição do valor 1 à variável FATORIAL; esta variável deverá ter sido declarada como do tipo numérico para que o comando seja válido:

FATORIAL ← 1;

No comando abaixo temos a multiplicação da constante numérica 1.15 pelo conteúdo da variável SALARIO; o valor resultante será armazenado na variável SAL_NOVO (neste caso, SALARIO é reajustado em 15% e o resultado é colocado em SAL_NOVO):

SAL_NOVO ← 1.15 * SALARIO;

No trecho abaixo temos, no primeiro comando, a ativação da função QUOCIENTE, que retorna o quociente da divisão inteira do conteúdo da variável VALOR por 50; este valor é colocado na variável numérica N50; no segundo comando temos a ativação da função RESTO, que retorna o resto da divisão do conteúdo da variável VALOR por 50:

1   N50 ← QUOCIENTE(VALOR, 50);
2   SOBRA ← RESTO(VALOR,50);

No comando abaixo temos a adição do conteúdo das variáveis numéricas TERMO e PRIM, e a soma é atribuída à variável numérica PROX:

1   PROX ← TERMO + PRIM;

No trecho abaixo temos a inicialização das variáveis numéricas SOMA e CONT com zero; na linha 4 o conteúdo da variável SOMA é somado com o conteúdo da variável VALOR; o resultado é atribuído à variável SOMA; na linha 5 temos a adição do conteúdo da variável CONT com 1 e o resultado é armazenado em CONT:

```
1        SOMA ← 0;
2        CONT ← 0;
3        ...
4        SOMA ← SOMA + VALOR
5        CONT ← CONT + 1
6        ...
```

2.9 Comando de entrada:

É o comando que executa a leitura de dados de um dispositivo de entrada e armazena-os na memória principal nas posições de memória correspondente às variáveis listadas. Como o nome sugere, o dispositivo de entrada encarrega-se de alimentar o computador com dados; estes dados são armazenados na memória principal. Exemplos de dispositivos de entrada: teclado, tela de toque (*touchscreen*), meio magnético (disco rígido), meio ótico (CD, DVD).

Comando de entrada: <u>leia</u> **lista-de-identificadores**

<u>leia</u> é a palavra-chave que indica o comando de entrada; **lista-de-identificadores** contém as variáveis em cujas posições de memória serão armazenados os dados lidos.

2.10 Comando de saída:

É o comando que executa a transferência de dados da memória principal para um dispositivo de saída. Como o nome sugere, o dispositivo de saída serve para exibir/imprimir dados disponíveis na memória principal do computador. Exemplos de dispositivos de saída: impressora, tela, meio magnético (disco rígido), meio ótico (CD, DVD). Observe que há dispositivos que aparecem nas duas listas: de entrada e de saída. São eles: CD regravável, DVD, disco rígido.

Comando de saída: **<u>escreva/exiba</u>** **lista-de-identificadores e/ou constantes**

<u>Escreva/exiba</u> é a palavra-chave que indica o comando de saída; **lista-de-identificadores** e/ou constantes contém variáveis/constantes que serão exibidas/impressas no dispositivo de saída.

Exemplos:

Quando for executado, o comando abaixo acionará o dispositivo de entrada que estiver selecionado para efetuar a leitura. Os dados de entrada são então colocados na posição de memória correspondente à variável VAL. A forma como esta variável tiver sido declarada determinará o tipo do dado esperado, a ser obtido no dispositivo de entrada.

```
1    leia VAL;
```

Quando for executado, o comando abaixo acionará o dispositivo de saída que estiver selecionado para exibir/imprimir a constante literal **Valor lido =**, seguido do conteúdo da posição de memória correspondente à variável VAL. Supondo que a variável VAL contenha o valor 10 no instante em que este comando é executado, será exibido/impresso: **Valor lido = 10**

```
2    escreva "Valor lido = ", VAL
```

O trecho de algoritmo abaixo contém, na linha 1, a declaração da variável VAL como numérica. A linha 2 contém o comando de saída para exibir a constante literal **Digite um valor numérico:**. A linha 3 contém o comando de entrada para ler do teclado o valor que for digitado (seguido da tecla **enter,** para sinalizar término da digitação). A linha 4 contém o comando de saída que fará a exibição/impressão da constante literal **Valor lido =**, seguido do conteúdo da variável VAL.

```
     ...
1    declare VAL numérico;
2    exiba "Digite um valor numérico: "
3    leia VAL;
4    escreva "Valor lido = ", VAL
     ...
```

No trecho abaixo, na linha 1, temos um comando de entrada para ler dois valores, a serem armazenados nas variáveis A e B (estamos considerando que estas variáveis foram declaradas como numéricas no início do algoritmo). As linhas seguintes contêm comandos de saída: a linha 2 exibe/imprime a constante **A =**, seguida do conteúdo da variável A, depois a constante **B =**, seguida do conteúdo da variável B, seguida da constante **A é maior que B**. A linha 3 contém comando semelhante, que exibe/imprime as mesmas variáveis, seguidas da constante **A é igual a B.**

```
      ...
1     leia A, B;
2     escreva "A = ", A, " B = ", B, " A é maior que B"
3     escreva "A = ", A, " B = ", B, " A é igual a B"
      ...

1     leia A, B, C;
2     escreva "A = ", A, " B = ", B, " C = ", C;
```

2.11 Estrutura sequencial

É a estrutura que garante a execução de um comando após o outro; os comandos são separados por ponto-e-vírgula (;). No trecho abaixo, depois da execução do comando da linha 1 será executado o comando da linha 2, e assim sucessivamente, até a execução da linha 12. É uma construção essencialmente intuitiva.

```
      ...
1     leia VALOR;
2     N50 ← QUOCIENTE(VALOR, 50);
3     SOBRA ← RESTO(VALOR,50);
4     N10 ← QUOCIENTE(SOBRA, 10);
5     SOBRA ← RESTO(SOBRA, 10);
6     N5 ← QUOCIENTE(SOBRA, 5);
7     N1 ← RESTO(SOBRA, 5);
8     escreva "Valor Lido – R$ ", VALOR;
9     escreva "Número de Cédulas de R$ 50,00 – ", N50;
10    escreva "Número de Cédulas de R$ 10,00 – ", N10;
11    escreva "Número de Cédulas de R$  5,00 – ", N5;
12    escreva "Número de Cédulas de R$      1,00 – ", N1;
      ...
```

2.12 Estrutura condicional ou *ifthenelse* ou seleção:

É a estrutura que permite a escolha entre duas alternativas possíveis. Na figura 1, a condição c é avaliada, provocando a execução de um dos blocos. Se a condição é verdadeira, o bloco 1 é executado; se é falsa, o bloco 2 é executado. Note que os dois ramos fluem para um ponto comum, caracterizando saída única da estrutura para o próximo comando [Furtado, 1984].

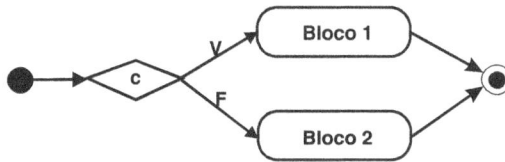

Figura 1. Estrutura condicional com dois ramos ou *if/then/else* ou seleção

Um exemplo de pseudocódigo correspondente a esta estrutura encontra-se abaixo:

```
1       se SEXO = "M" então
2           CONT_M ← CONT_M + 1
3       senão
4           CONT_F ← CONT_F + 1
5       fimse;
        ...
```

A condição é **SEXO = "M"**: esta condição será verdadeira se o conteúdo da variável SEXO for "M". Neste caso, o contador CONT_M será incrementado de 1 e o comando que vier depois do fimse será executado. Se a variável SEXO não contiver "M", o contador CONT_F será incrementado de 1 e o comando que vier depois do fimse será executado. No pseudocódigo acima, o bloco 1 e o bloco 2 têm um só comando, mas poderiam ter vários, inclusive um outro se aninhado.

Na figura 2, a condição c é testada; se for verdadeira, o bloco 1 será executado e depois vai para o próximo comando; se for falsa, vai para o próximo comando.

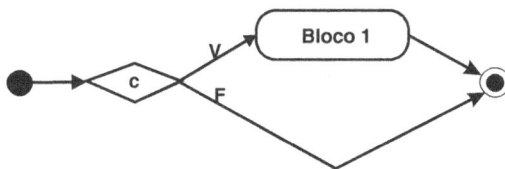

Figura 2. Estrutura condicional com um ramo ou *if/then.*

Um pseudocódigo ilustrativo desta estrutura encontra-se abaixo:

```
        ...
1       se VAL > 100 então
2           escreva "Valor lido é > 100: ", VAL
3       fimse;
        ...
```

33

Se o valor contido na variável VAL for maior que 100, o comando escreva será executado e o comando depois do fimse será executado; se o valor contido em VAL for igual ou menor que 100, o comando não será executado e o comando depois do fimse será executado.

O pseudocódigo abaixo apresenta uma condição composta com o operador e: para que a condição seja verdadeira é necessário que as duas condições sejam verdadeiras. Esta é uma exigência do operador e. Em todos os outros casos, a condição composta resulta falsa. Explicitamente a condição composta é: (VAL é maior que 100 ou VAL é igual a 100) e (VAL é menor que 200 ou VAL é igual a 200). Note que há dois operadores relacionais em cada condição: >= e <=. Sabemos que quando usamos o operador **ou**, basta que uma das condições seja verdadeira para que a condição composta seja verdadeira. No caso, se VAL contiver 130, resultará verdadeiro porque a primeira parte será verdadeira (130 >100?), apesar de a segunda ser falsa (130 = 100?). Raciocínio semelhante aplica-se à primeira condição: (VAL > 100 ou VAL = 100).

```
        ...
1       se VAL >= 100 e VAL <= 200 então
2               escreva "Valor lido pertence ao intervalo [100, 200]: ", VAL
3       fimse;
        ...
```

O exemplo ilustra o teste para determinar se o valor contido em VAL pertence ao intervalo fechado [100, 200]: neste caso, será executado o comando escreva. Para a condição composta ser verdadeira, o valor contido em VAL tem que ser maior ou igual a 100 e também menor ou igual a 200. Por exemplo, se a variável VAL contiver 130 resulta verdadeiro, pois 130 é maior que 100 e menor que 200.

O exemplo abaixo ilustra uma estrutura se aninhada: temos uma estrutura se dentro de outra estrutura se:

```
        ...
1       se A > B então
2               escreva "A = ", A, " B = ", B, " A é maior que B"
3       senão
4         se A = B então
5               escreva "A = ", A, " B = ", B, " A é igual a B"
6         senão
7               escreva "A = ", A, " B = ", B, " A é menor que B"
8         fimse;
9       fimse;
        ...
```

34

No pseudocódigo abaixo, se o conteúdo de B for maior que o conteúdo da variável MAIOR, então a variável MAIOR recebe o valor contido em B e o comando seguinte ao <u>fimse</u> será executado; se o conteúdo de B for menor ou igual ao conteúdo de MAIOR, o comando seguinte ao <u>fimse</u> será executado:

```
    ...
1   se B > MAIOR então
2       MAIOR ← B
3   fimse;
    ...
```

Veja a tabela de reajuste salarial abaixo:

Salário atual	Reajuste
Até R$ 800	15%
De R$ 801 a R$ 1500	10%
De 1501 a R$ 2000	5%
Acima de R$ 2000	Sem reajuste.

Analise o pseudocódigo abaixo correspondente ao reajuste salarial (SALARIO contém o salário atual; SAL_NOVO contém o salário reajustado):

```
    ...
1   se SALARIO <= 800 então
2       SAL_NOVO ← 1.15 * SALARIO
3   senão
4       se SALARIO <= 1500 então
5           SAL_NOVO ← 1.10 * SALARIO
6       senão
7           se SALARIO <= 2000 então
8               SAL_NOVO ← 1.05 * SALARIO
9           senão
10              SAL_NOVO ← SALARIO
11          fimse;
12      fimse;
13  fimse;
    ...
```

2.13 Estruturas de Repetição:

São estruturas que permitem a execução iterativa de um dado bloco de comandos.

2.13.1 Comando Repetir N vezes:

Esta estrutura executa um dado número de vezes um bloco de comandos. Veja o trecho de algoritmo abaixo:

```
       ...
3      repetir 100 vezes:
4          exiba "Digite um valor numérico: "
5             leia VAL;
6          se VAL > 100 então
7                    escreva "Valor lido é > 100: ", VAL
8          fimse;
9      fim-repetir
       ...
```

Neste trecho, o bloco de comandos da linha 4 até a linha 8 é executado 100 vezes.

No lugar da constante numérica 100, poderíamos ter uma variável:

```
3      repetir N vezes:
```

Neste caso, o número de vezes em que o bloco será executado é dado pelo conteúdo da variável N.

2.13.2 Comando para:

Outra forma de apresentação deste comando de repetição é mostrada no trecho de algoritmo abaixo (comando para). Este comando executa o bloco de comandos um determinado número de vezes, utilizando uma variável de controle do laço.

```
       Formato do comando para:
       para I = Inicial, Final passo Incremento, fazer:
           Bloco de comandos
       fimpara;
```

onde: I – variável índice de controle do laço; Inicial e Final: constantes numéricas ou variáveis que contêm, respectivamente, o valor inicial e o valor final a ser atribuído à variável I; Incremento: constante numérica ou variável que contém o incremento a ser feito à Inicial depois de cada execução do bloco de comandos. Se o passo for omitido, significa que o incremento é de 1.

> Exemplos:
> para I = 1, 200 passo 2, fazer:
>   bloco de comandos
> fimpara;

No comando **para**, a variável I é inicializada com 1 e o bloco de comandos é executado a primeira vez; I é incrementada com o valor do passo (2), valendo 3; como este valor é menor que 200, o bloco de comandos é executado novamente. Novo incremento do valor do passo em I, novo teste para verificar se ultrapassou 200; em caso positivo, o comando **para** é encerrado; em caso negativo, ocorre nova execução do bloco de comandos.

Se tivermos o comando para abaixo (sem passo identificado), deduz-se que o incremento é de 1. Ou seja: o bloco de comandos será executado 200 vezes (a variável I vai assumir valores de 1 a 200):

> para I = 1, 200, fazer:
>   bloco de comandos
> fimpara;

O trecho de comandos abaixo faz o somatório das médias de três notas de 200 alunos. Presume-se do pseudocódigo que os conjuntos NOTA1, NOTA2 e NOTA3 armazenam as notas de três provas de 200 alunos. A variável acumuladora SOMA_MED é inicializada com zero na linha 1; o comando para executará os comandos das linha 3 e 4 duzentas vezes, com a variável I servindo para identificar o aluno para o qual se quer calcular a média, a partir dos três conjuntos. O comando da linha 3 calcula a média do i-ésimo aluno e o comando da linha 4 acumula a média em SOMA_MED. Com o fim da execução do comando para, em SOMA_MED teremos o valor acumulado das médias dos 200 alunos.

```
    ...
1   SOMA_MED ← 0;
2   para I = 1, 200
3       MED ← (NOTA1(I) + NOTA2(I) + NOTA3(I)) /3;
4       SOMA_MED ← SOMA_MED + MED;
5   fimpara;
    ...
```

No trecho de algoritmo abaixo, os elementos de ordem par e os elementos de ordem ímpar do conjunto M de 1000 elementos são somados, respectivamente, em SOMAPAR e SOMAIMP. Os acumuladores são inicializados com zero nas linhas 1 e 5. O somatório dos elementos de ordem par (linhas de 2 a 4) consiste em M(2)+M(4)+...+M(1000) e o somatório dos elementos de ordem ímpar (linhas de 6 a 8) consiste em M(1)+M(3)+...+M(999). Confira o pseudocódigo.

```
        ...
1       SOMAPAR ← 0;
2       para I = 2, 1000 passo 2
3           SOMAPAR ← SOMAPAR + M(I);
4       fimpara;
5       SOMAIMP ← 0;
6       para I = 1, 999 passo 2
7           SOMAIMP ← SOMAIMP + M(I);
8       fimpara;
        ...
```

2.13.3 Comando Enquanto:

Este comando começa com o teste da condição: se for verdadeira, o bloco de comandos é executado, retornando ao teste da condição para verificar se permanece com resultado verdadeiro. Quando o teste da condição resultar falso, o comando seguinte ao **fim-enquanto** será executado.

Veja o trecho de pseudocódigo abaixo, que faz o cálculo do fatorial de um número:

```
        ...
1       FATORIAL ← 1;
2       I ← 2;
3       enquanto I <= N, faça:
4           FATORIAL ← FATORIAL * I;
5           I ← I + 1
6       fim-enquanto;
7       escreva "Fatorial de ", N, " = ", FATORIAL;
        ...
```

Lembrando a definição de fatorial: 1) 0! = 1; 2) N! = N * (N-1)!. Por definição, o fatorial de 0 é 1; e o fatorial de um número N é igual a N vezes (N-1)!

Assim: 4! = 4 * 3!
    3! = 3 * 2!
    2! = 2 * 1!
    1! = 1 * 0! Como pela primeira regra o fatorial de zero é um, temos:
    1! = 1 * 1 = 1. Então: 2! = 2 * 1 = 2. Então: 3! = 3 * 2 = 6.
    Portanto: 4! = 4 * 6 = 24.

No trecho de algoritmo, é empregado o comando **enquanto** com a condição I <= N. N é o número lido no início do algoritmo (não aparece a leitura no trecho mostrado) e I é a variável utilizada para obter os números consecutivos a partir de 2 até chegar em N. Acompanhe o algoritmo, considerando que N = 4. Como vimos, 4! = 24. Portanto, o algoritmo deve imprimir "Fatorial de 4 = 24" quando o comando da linha 7 for executado. Verifique se o algoritmo funciona para os casos: N = 0, N = 1 e N = 2.

Uma observação relevante sobre o comando **enquanto**: para garantir que a repetição será finalizada em algum momento, na condição deve aparecer uma variável cujo valor seja alterado dentro do laço. No exemplo acima, isto é ilustrado pela variável I. Note que ela é incrementada de 1 dentro do laço. Isto assegura que a repetição terá finalização. De outra forma, teríamos um laço interminável.

O trecho de algoritmo abaixo imprime os termos da sequência de Fibonacci menores que 1000. Por definição, a sequência de Fibonacci é assim definida:
1) O primeiro termo é 0;
2) O segundo termo é 1;
3) Os termos seguintes são obtidos a partir da soma dos dois anteriores.

Temos então:

0	1	1	2	3	5	8	13	21	34 ...

O décimo primeiro é obtido da soma do nono com o décimo:21 + 34 = 55, e assim sucessivamente.

Acompanhe o algoritmo para confirmar se os termos corretos são impressos. Para efeito de verificação, podemos considerar a obtenção dos termos menores que 20. É certo que se o algoritmo funciona para imprimir os termos menores que 20, funcionará da mesma forma para o número que escrevermos na condição do comando <u>enquanto</u> da linha 4:

4   <u>enquanto</u> TERMO < 20,<u>faça</u>:   (imprime os termos menores que 20)

```
4        enquanto TERMO < 500, faça:    (imprime os termos menores que 500)
         ...
1        1PRIM ← 0;
2        TERMO ← 1;
3        escreva PRIM;
4        enquanto TERMO < 1000, faça:
5                escreva TERMO;
6                {Obtém o próximo termo da sequência.}
7                PROX ← TERMO + PRIM;
8                {Redefine o primeiro termo e o termo para a próxima passada.}
9                PRIM ← TERMO;
10               TERMO ← PROX;
11       fim-enquanto;
         ...
```

2.13.4 Comando Repetir-até:

Esta estrutura é uma variação da estrutura ou comando **enquanto**. Diferentemente do **enquanto** em que o bloco de comandos pode não ser executado nenhuma vez, na estrutura **repetir-até,** o bloco é executado pelo menos uma vez [Furtado, 1984].

Formato do repetir-até:
repetir
    bloco de comandos
até condição;

A execução do comando **repetir-até** é iniciada pelo bloco de comandos; só então a condição é testada: se for verdadeira, o comando seguinte é executado. Se a condição for falsa, o bloco de comandos é executado e a condição é testada novamente. Portanto, enquanto a condição for falsa, o bloco é executado repetidamente. Para garantir que o comando seja encerrado em algum momento, da mesma forma que ocorre no comando **enquanto**, alguma variável da condição precisa ser modificada no bloco de comandos.

No próximo capítulo utilizamos a pseudolinguagem aqui apresentada na escrita de algoritmos, com problemas de complexidade crescente.

CAPÍTULO 3: CONSTRUÇÃO DE ALGORITMOS: USO DE VARIÁVEIS SIMPLES

Neste capítulo serão apresentados algoritmos que utilizam somente variáveis simples. Estas variáveis são assim chamadas porque armazenam apenas um valor a cada momento da execução do algoritmo. Nos próximos capítulos, veremos algoritmos que utilizam outros tipos de variáveis: variáveis unidimensionais e variáveis bidimensionais. Veja os exemplos abaixo em que são declarados os tipos de variáveis mencionados:

```
1      declare A, B numérico;
2      declare C(100) numérico;
3      declare D(10,20) numérico;
```

As variáveis A e B (linha 1) são variáveis simples: ambas armazenam somente um valor num dado momento. Assim, em dado momento podemos ter num algoritmo o comando

A ← 5;

Em outro ponto do algoritmo podemos ter:

A ← A + 1;

Com este último comando, o valor inicial da variável é modificado para o seu consecutivo (o valor é adicionado de 1). Portanto, em cada momento que exibimos o conteúdo da variável apenas um valor encontra-se armazenado. Na memória teríamos:

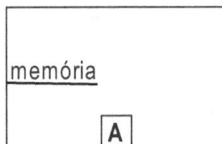

Figura 3. Representação da variável **A**

Na linha 2 acima temos a declaração de C como uma variável unidimensional (também chamada de *array* unidimensional). Neste caso, a variável C pode armazenar até 100 valores numéricos. Podem ser referidos os seguintes elementos de C: C(1), C(2), C(3), ..., C(99), C(100). Desta forma,

41

poderíamos ter os seguintes comandos, com atribuições de valores iniciais para C:

```
C(1)← 100;
C(2) ← 2000;
C(3) ← 120;
...
...
C(100) ← 13;
```

Observe que a variável armazena, ao mesmo tempo, vários valores em seus elementos. Um índice permite referenciar um dado elemento do *array*. O índice pode também ser uma variável. Este recurso é valioso em programação. Há inúmeras situações em que precisamos manipular os elementos do *array*. Por exemplo, se quisermos inicializar os cem elementos com zero, escreveríamos:

```
1    para I = 1, 100:
2        C(I) ← 0;
3    fimpara;
```

Note que com três linhas de comandos inicializamos os cem elementos com zero. Veja que C(I) referencia elementos genéricos: o conteúdo da variável I determina o elemento mencionado. Se I contiver 5, o elemento referido é C(5).

Na memória teríamos:

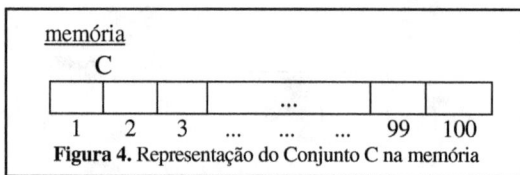

Figura 4. Representação do Conjunto C na memória

Na terceira linha acima temos a declaração de D como uma variável bidimensional:

3.   declare D(10,20) numérico;

Agora, precisamos de dois índices para referenciar os elementos do *array*. Por exemplo, para inicializar os elementos de D com zero, escreveríamos:

```
1        para I = 1, 10:
2            para J = 1, 20:
3                D(I, J) ← 0;
4            fimpara;
5        fimpara;
```

No trecho acima, há dois laços **para**: um controlado pela variável I e outro pela variável J. O laço mais externo varia mais lentamente; o laço mais interno varia mais rapidamente. Isto significa que para cada valor de I (neste caso, de 1 a 10) a variável J assume valores de 1 a 20. Assim, para I = 1, teríamos as inicializações com zero dos seguintes elementos: D(1,1), D(1,2), D(1,3), ..., D(1,20). Para I = 2, teríamos as inicializações dos seguintes elementos com zero: D(2,1), D(2,2), D(2,3), ..., D(2,20). E assim por diante até D(10,1), D(10,2), D(10,3), ..., D(10,20).

Na memória teríamos:

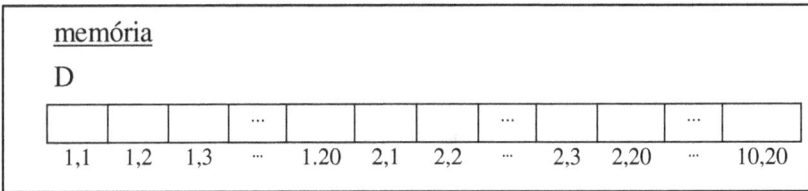

Figura 5. Representação do Conjunto bidimensional

Mas comecemos com algoritmos bem simples, que utilizam somente variáveis simples.

3.1 Lê-imprime: Escrever um algoritmo para ler um valor e imprimi-lo.

Comentários: não há algoritmo mais simples que este: ele apenas lê um valor numérico de um dispositivo de entrada (um teclado, por exemplo) para a memória principal e depois pega o valor da memória principal e o imprime (transfere o valor lido para a impressora). Comentários sobre as linhas do algoritmo: a linha 1 inicia o algoritmo; a linha 5 o finaliza. A linha 2 contém o comando que declara a variável numérica (VAL) a ser utilizada para armazenar o valor lido. O comando **declare** reserva uma posição na memória principal para armazenar o valor lido. A linha 3 contém o comando para ler o valor de entrada (vamos considerar que vai ser digitado no teclado, por exemplo, tecla-se 30<enter>). O comando **leia** encarrega-se de ler o valor no dispositivo de entrada (neste caso, o teclado) e o armazena na posição de memória correspondente à variável VAL. O comando da linha 4 (**escreva**) imprime o literal alfanumérico "Valor lido =" e em seguida o conteúdo da variável VAL. Como consideramos que o valor lido foi 30, o que será impresso na linha 4 é: (veja Fig. 6).

Valor lido = 30

```
1    Algoritmo.
2        declare VAL numérico;
3        leia VAL;
4        escreva "Valor lido = ", VAL
5    fimalgoritmo.
```

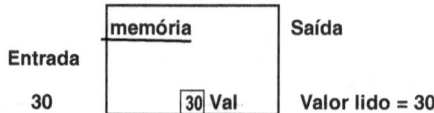

Figura 6: Representação do algoritmo

3.2 SolicitaValor-imprime: Escrever um algoritmo para solicitar que um valor numérico seja digitado e imprimi-lo.

Comentários: a única diferença em relação ao algoritmo anterior é a inclusão do comando da linha 3 (comando **exiba**) encarregado de exibir na tela do computador a mensagem **Digite uma valor numérico:**. Na execução do algoritmo, a mensagem é exibida e a execução do comando da linha 4 (**leia**) provoca uma parada, aguardando que o operador digite um valor e pressione a tecla **enter**. Quando isto ocorrer, o valor digitado é posto na posição de memória correspondente à variável VAL. Em seguida, o comando da linha 5 é executado, fazendo a impressão de **Valor lido =**, seguido do valor digitado.

```
1    Algoritmo.
2        declare VAL numérico;
3        exiba "Digite um valor numérico: "
4        leia VAL;
5        escreva "Valor lido = ", VAL
6    fimalgoritmo.
```

44

3.3 Lê-testa-imprime: Escrever um algoritmo para ler um valor e imprimi-lo se for maior que 100.

Comentários: neste algoritmo, diferentemente do anterior, o valor lido só será impresso se for maior que 100; se o valor for menor ou igual a 100, a impressão não ocorrerá.

Resposta:
```
1    Algoritmo.
2        declare VAL numérico;
3        exiba "Digite um valor numérico: "
4        leia VAL;
5        se VAL > 100 então
6            escreva "Valor lido é > 100: ", VAL
7        fimse;
8    fimalgoritmo.
```

3.4 Lê-testaIntervalo-imprime: Escrever um algoritmo para ler um valor e imprimi-lo se pertencer ao intervalo [100, 200].

Comentários: neste algoritmo, diferentemente do anterior, o valor lido só será impresso se pertencer ao intervalo [100, 200]; se o valor estiver fora do intervalo, a impressão não ocorrerá. Há necessidade de usar o operador **e** compondo as duas condições, afinal o valor deve ser maior ou igual a 100 e, ao mesmo tempo, menor ou igual a 200, para garantir que está dentro do intervalo [100, 200].

Resposta:
```
1    Algoritmo.
2        declare VAL numérico;
3        exiba "Digite um valor numérico: "
4        leia VAL;
5        se VAL >= 100 e VAL <= 200 então
6            escreva "Valor lido pertence ao intervalo [100, 200]: ", VAL
7        fimse;
8    fimalgoritmo.
```

3.5 Lê-testaValor-imprime: Escrever um algoritmo para ler 100 valores e imprimir somente os maiores que 100.

Comentários: vimos no exercício 3 como fazer o algoritmo para ler um valor e imprimir se for maior que 100. Reveja a seguir:

```
1    Algoritmo.
2       declare VAL numérico;
3       exiba "Digite um valor numérico: "
4       leia VAL;
5       se VAL > 100 então
6             escreva "Valor lido é > 100: ", VAL
7       fimse;
8    fimalgoritmo.
```

Como agora queremos ler 100 valores, os passos de 3 a 8 devem ser executados 100 vezes. Vamos usar a estrutura de repetição:

```
repetir n vezes:
    sequência-de-passos
fim-repetir
```

Resposta:
```
1    Algoritmo.
2       declare VAL numérico;
3       repetir 100 vezes:
4          exiba "Digite um valor numérico: "
5          leia VAL;
6          se VAL > 100 então
7                escreva "Valor lido é > 100: ", VAL
8          fimse;
9       fim-repetir
10   fimalgoritmo.
```

3.6 Lê100Valores-testa-imprime: Escrever um algoritmo para ler 100 valores e imprimir somente os pertencentes ao intervalo [201, 299].

Comentários: em relação ao exercício anterior, temos que alterar a estrutura condicional da linha 6, de modo a testar se o valor pertence ao intervalo [201, 299]. Duas condições têm que ser escritas, compostas com o operador **e**: VAL>= 201 e VAL <= 299. No mais, somente a mensagem impressa no comando da linha 7 deve ser alterada do algoritmo anterior.

Resposta:
```
1    Algoritmo.
2       declare VAL numérico;
3       repetir 100 vezes:
4          exiba "Digite um valor numérico: "
```

```
5        leia VAL;
6        se VAL >= 201 e VAL <= 299 então
7              escreva "Valor lido pertence ao intervalo [201, 299]: ", VAL
8        fimse;
9     fim-repetir
10   fimalgoritmo.
```

3.7 Lê-determinaRelação: Escrever um algoritmo para ler dois valores A e B e determinar a relação entre eles (determinar se A > B; ou A = B; ou A < B).

Comentários: neste caso, vamos precisar de dois comandos de seleção: o primeiro, que começa na linha 4 abaixo e termina na linha 12, e o segundo, que começa na linha 7 e vai até a linha 11. O primeiro teste é se A é maior que B (A > B); se for, escrevemos **A é maior que B**; se não for, significa que A pode ser igual ou menor que B. Há necessidade de outro teste para determinar cada caso. Optamos por testar se A é igual a B: se for, escrevemos **A é igual a B**, caso contrário, escrevemos **A é menor que B**. Observe que poderíamos ter optado por testar se A é menor que B em vez de se A é igual a B. Como usamos uma estrutura de seleção concatenada (um **se** dentro de outro **se**), feito o primeiro teste (**se** A > B), restam duas possibilidades: A = B e A < B. Se testamos se A = B, determinamos a igualdade; se é inválida a condição, só resta que A é menor que B.

Resposta:
```
1    Algoritmo.
2       declare A, B numérico;
3       leia A, B;
4       se A > B então
5             escreva "A = ", A, " B = ", B, " A é maior que B"
6       senão
7             se A = B então
8                   escreva "A = ", A, " B = ", B, " A é igual a B"
9             senão
10                  escreva "A = ", A, " B = ", B, " A é menor que B"
11            fimse;
12      fimse
13   fimalgoritmo.
```

3.8 Lê3Valores-determinaMaior: Escrever um algoritmo para ler três valores A, B e C, e imprimir o maior entre eles.

Comentários: além das três variáveis que serão lidas (A, B e C), o algoritmo deve apresentar uma variável para conter o maior valor (MAIOR). No comando 4, o valor da primeira variável é armazenado em MAIOR. O comando 5 testa se o valor contido em B é maior do que o contido em MAIOR: se for verdadeiro, este valor (B) é colocado em MAIOR, ou seja, o valor de B é salvo como o maior. Por fim, o comando 8 testa se o valor contido em C é maior do que o contido em MAIOR: em caso positivo, o valor de C é atribuído à variável MAIOR. O comando 11 imprime a mensagem "O maior entre os valores lidos é =", seguido do valor armazenado na variável MAIOR.

```
1    Algoritmo.
2        declare A, B, C, MAIOR numérico;
3        leia A, B, C;
4        MAIOR ← A;
5        se B > MAIOR então
6            MAIOR ← B
7        fimse;
8        se C > MAIOR então
9            MAIOR ← C
10       fimse;
11       escreva"O maior entre os valores lidos é = ", MAIOR;
12   fimalgoritmo.
```

Teste de mesa:

Chamamos "teste de mesa" ao teste em que o programador executa os comandos do algoritmo (ou programa) na sua mesa de trabalho, simulando o computador. Este teste é importante para o iniciante em programação determinar se seu algoritmo (ou programa) funciona corretamente. Para isto, ele atribui valores para as variáveis de entrada (se houver) e acompanha os passos do algoritmo para verificar sua correção.

É importante prever todas as situações possíveis e testar o algoritmo para todos estes casos.

Neste caso, teríamos as seguintes possibilidades:
1) O primeiro valor (A) é o maior dos três;
2) O segundo valor (B) é o maior dos três;
3) O terceiro valor (C) é o maior dos três.

Como o enunciado não dá conta de que os três valores são diferentes, então teríamos as seguintes possibilidades ainda:
4)   Todos os valores são iguais;
5)   Dois dos valores são iguais e maiores que o terceiro.

Considere os seguintes valores de A, B e C:

```
A    B    C
4    5    1
```

Portanto, o maior é 5. O algoritmo deve confirmar isto.

Acompanhando o algoritmo, a partir do comando 4, tem-se:

MAIOR ← 4

No comando 5, tem-se o teste [B > MAIOR?], [5 > 4?]; o resultado da avaliação é verdadeiro; então o comando 6 é executado [MAIOR ← B], [MAIOR ← 5]. No comando 8, tem-se o teste [C > MAIOR?], [1 > 5?]; o resultado da avaliação é falso; portanto, o comando seguinte ao *fimse* é executado, no caso o comando 11, que imprime a mensagem com o valor contido na variável MAIOR (5). Conclui-se que o algoritmo está correto.

3.9 Lê3Valores-determinaMenor: Escrever um algoritmo para ler três valores A, B e C, e imprimir o menor entre eles.

Comentários: além das três variáveis que serão lidas (A, B e C), o algoritmo deve apresentar uma variável para conter agora o menor valor (MENOR). No comando 4, o valor da primeira variável é armazenado em MENOR. O comando 5 testa se o valor contido em B é menor do que o contido em MENOR: se for verdadeiro, este valor (B) é colocado em MENOR, ou seja, o valor de B é salvo como o menor. Por fim, o comando 8 testa se o valor contido em C é menor do que o contido em MENOR: em caso positivo, o valor de C é atribuído à variável MENOR. O comando 11 imprime a mensagem "O menor entre os valores lidos é = ", seguido do valor armazenado na variável MENOR.

```
1    Algoritmo.
2        declare A, B, C, MENOR numérico;
3        leia A, B, C;
4        MENOR ← A;
```

```
5        se B < MENOR então
6            MENOR ← B
7        fimse;
8        se C < MENOR então
9            MENOR ← C
10       fimse;
11       escreva"O menor entre os valores lidos é = ", MENOR;
12   fimalgoritmo.
```

As mesmas considerações feitas no exercício anterior são pertinentes aqui, agora considerando a análise para determinar o menor entre os valores.

Teste de mesa:

Como exercício de fixação, faça o teste de mesa, considerando:

A	B	C
4	5	1

3.10 LêValor-determinaParÍmpar: Escrever um algoritmo para ler um valor inteiro e imprimir se é par ou ímpar.

Comentários: sabemos que um número é par se o resto da sua divisão por 2 é zero; se o resto é 1, o número é ímpar. Vamos usar a função RESTO(EXP1, EXP2) neste algoritmo. Lembrando que EXP1 é uma expressão aritmética cujo valor corresponde ao dividendo e EXP2 é uma expressão aritmética cujo valor corresponde ao divisor. A função devolve o resto da divisão inteira de EXP1 por EXP2. No comando da linha 4, testamos se o resto da divisão de VALOR por 2 é igual a zero: se for, imprimimos que o valor lido é par; em caso contrário, que é ímpar.

Resposta:

```
1    Algoritmo.
2        declare VALOR numérico;
3        leia VALOR;
4        se RESTO( VALOR, 2) = 0 então
5            escreva "O número ", VALOR, "é par"
6        senão
7            escreva "O número ", VALOR, "é ímpar"
8        fimse;
9    fimalgoritmo.
```

3.11 Lê100Valores-imprimeMédia: Escrever um algoritmo para ler 100 valores e imprimir a média aritmética dos valores lidos.

Comentários: a média aritmética é calculada dividindo a soma dos valores pelo número de valores (neste caso, 100). Portanto, precisamos declarar três variáveis: uma para ler cada um dos 100 valores (VALOR), uma variável (SOMA) para obter a soma dos 100 valores lidos e uma variável para obter o cálculo da média depois de ter calculado a soma dos 100 valores (MEDIA ← SOMA / 100).

Vamos usar a estrutura de repetição:

> repetir n vezes:
>
> > sequência-de-passos
> > fim-repetir

Resposta:
```
1    Algoritmo.
2        declare VALOR, SOMA, MEDIA numérico;
3        SOMA ← 0;
4        repetir 100 vezes:
5            leia VALOR;
6                SOMA ← SOMA + VALOR
7        fim-repetir
8        MEDIA ← SOMA / 100;
9        escreva "A média aritmética dos 100 valores lidos = ", MEDIA.
10   fimalgoritmo.
```

3.12 Lê100Valores-imprimeMédiaIntervalo: Escrever um algoritmo para ler 100 valores e imprimir a média aritmética dos valores (lidos) pertencentes ao intervalo [40, 60].

Comentários: observe que, neste caso, queremos calcular a média aritmética somente dos valores compreendidos entre 40 e 60, incluindo os extremos. Precisamos de uma variável acumuladora para obter a soma dos valores do intervalo (SOMA), mas, diferentemente do algoritmo anterior em que sabíamos quantos eram os valores, neste algoritmo não sabemos quantos valores há no intervalo (a rigor, não sabemos nem se há valores no intervalo). Havendo valores no intervalo temos que contá-los; precisamos de uma variável contadora para isto. Portanto, além das variáveis definidas no algoritmo anterior, temos que criar uma variável contadora (CONT). Outra coisa: para calcular a média, vamos fazer:

MEDIA ← SOMA / CONT;

Ocorre que, se a contagem de valores do intervalo for zero (se não houver valores do intervalo), temos que impedir que o comando de atribuição (comando da linha 13) seja executado, já que a divisão por zero é impossível. Por isso, este comando só deve ser executado se CONT for maior que zero. Se não tivéssemos este cuidado, o algoritmo apresentaria um erro de lógica quando não houvesse valores no intervalo: o valor de CONT seria zero, e haveria a tentativa de dividir SOMA por zero.

Resposta:

```
1     Algoritmo.
2          declare VALOR, SOMA, MEDIA numérico;
3          SOMA ← 0;
4          CONT ← 0;
5          repetir 100 vezes:
6              leia VALOR;
7              se VALOR >= 40 e VALOR <= 60 então
8       SOMA ← SOMA + VALOR
9                  CONT ← CONT + 1
10             fimse;
11         fim-repetir;
12         se CONT > 0 então
13             MEDIA ← SOMA / CONT;
14             imprima "A média aritmética dos valores do int. [40, 60] = ", MEDIA
15         senão
16             imprima "Não há valores no intervalo [40, 60]"
17         fimse;
18    fimalgoritmo.
```

3.13 CalculaFatorial: Escrever um algoritmo para calcular o fatorial de um dado número, lido no início do algoritmo. Sabe-se que a definição de fatorial é:

a. N! = N x (N – 1)!
b. 0! = 1.

Comentários: note que se N é igual a zero, há um teste para tratar este caso (linha 4). Note também que se N é igual a 1, a condição na linha 4 é falsa, sendo executado o comando da linha 7 (FATORIAL recebe 1) e depois I recebe 2 e então a condição do comando **enquanto** é avaliada. Ora, neste caso, teríamos 2<= 1 (falso): o próximo comando a ser executado é o da linha 13, sendo escrito que Fatorial de 1 = 1.

Analise, em seguida, a execução do algoritmo para casos em que N = 2 e N = 3.

Resposta:

```
1   Algoritmo.
2       declare FATORIAL, I, N numérico;
3       leia N;
4       se N = 0 então
5           escreva "Fatorial de 0 = 1"
6       senão
7           FATORIAL ← 1;
8           I ← 2;
9           enquanto I <= N, faça:
10              FATORIAL ← FATORIAL * I;
11              I ← I + 1
12          fim-enquanto;
13          escreva "Fatorial de ", N, " = ", FATORIAL;
14      fimse;
15  fimalgoritmo.
```

3.14 Lê3Valores-ordenaValores: Escrever um algoritmo para ler 3 valores, imprimi-los, e colocá-los em ordem crescente e imprimi-los novamente (agora, ordenados).

Comentários: neste caso, vamos ler três valores quaisquer (A, B e C) e ordená-los. Ou seja, para quaisquer valores de entrada A, B e C, desordenados, vamos ordená-los, de modo que:

A <= B <= C. Para isso, vamos testar inicialmente se A > B: se for, permutamos os valores de A e B (isto é, o valor inicial de A passa para B e vice-versa). Precisamos de uma variável (TEMP) para salvar o valor original de A (que será perdido quando fizermos A ← B); depois restauramos em B o valor original de A (que foi salvo em TEMP). Veja o trecho do algoritmo de 7 a 9. O mesmo é feito no trecho 12 a 14, para as variáveis B e C. E novamente para as variáveis A e B no trecho 17 a 19 (abaixo explicamos por que este teste precisa ser repetido).

Observe a linha 6 (teste se A > B): se for, permutamos os valores de A e B; depois testamos se B > C: se for, permutamos os valores de B e C.

Ocorre que, se o menor valor inicial entre os três for C, ao fazer o segundo teste, deslocamos este valor de C para B. Mas, como ele é o menor neste caso, há necessidade de refazer o teste se A > B, para colocar este menor valor (C inicial) como o primeiro valor (em A).

Considere os valores de entrada de A, B e C abaixo (o menor é o valor de C):

```
A   B   C
4   5   1
```

Se aplicarmos o algoritmo, vamos testar inicialmente se A > B: 4 não é maior que 5; passamos então ao passo 11 para testar se B > C: neste caso é verdadeira a condição (5 é maior que 1); fazemos a permuta dos valores de B e C, ficando:

```
A   B   C
4   1   5
```

Ora, vemos que os valores ainda não estão ordenados, pois o valor 1 deve anteceder o 4. Por isso, na linha 16, testamos novamente se A > B. Se esta condição for verdadeira, haverá uma última permuta entre os valores de A e B, ficando:

```
A   B   C
1   4   5
```

Os valores agora estão ordenados.

Consideremos agora os valores de entrada de A, B e C conforme abaixo (o menor é o valor de B):

```
A   B   C
4   3   5
```

Seguindo o algoritmo, no passo 6 testamos se A > B: como 4 > 3, permutamos os valores de A e B, ficando:

```
A   B   C
3   4   5
```

Em seguida (linha 11), testamos se B > C (4 > 5): como é falsa a condição, será executado em seguida o comando da linha 16. Neste caso particular, o teste da linha 16 é inócuo, pois A contém valor menor que B. Os valores encontram-se ordenados.

Analise o algoritmo para os seguintes valores de entrada:

1) Os três valores iguais: por exemplo, A = 10, B = 10, C = 10;
2) A = 8, B = 8, C = 1;
3) A = 1, B = 8, C = 1.

Resposta:
```
1    Algoritmo.
2        declare A, B, C, TEMP numérico;
3        leia A, B, C;
4        escreva "A = ", A, " B = ", B, " C = ", C;
5        {Colocando em ordem crescente.}
6        se A > B então
7                TEMP ← A
8                A ← B
9                B ← TEMP
10       fimse;
11       se B > C  então
12               TEMP ← B
13               B ← C
14               C ← TEMP
15       fimse;
16       se A > B então
17               TEMP ← A
18               A ← B
19               B ← TEMP
20       fimse;
21       {Escreva valores ordenados.}
22       escreva "A = ", A, " B = ", B, " C = ", C;
23   fimalgoritmo.
```

3.15 ReajusteSalarial: A Tuna Luso Brasileira de Belém/PA deseja reajustar os salários de seus 25 jogadores de futebol registrados. O reajuste deve obedecer à seguinte tabela:

Salário atual	Reajuste
Até R$ 8000	15%
De R$ 8001 a R$ 15000	10%
De 15001 a R$ 20000	5%
Acima de R$ 20000	Sem reajuste.

Escrever um algoritmo para ler o nome do jogador e o salário atual e imprimir o nome, o salário atual e o salário reajustado. No fim do algoritmo, imprimir o total de salário atual e o total de salário reajustado.

Resposta:
```
Algoritmo.
    declare SALARIO, SAL_NOVO, TOT_SAL, TOT_SAL_NOVO, I, J numérico;
```

```
declare NOME(40) literal;
        {Inicializar acumuladores.}
TOT_SAL ← 0;
TOT_SAL_NOVO ← 0;
para I = 1, 25
        leia (NOME(J), J = 1, 40), SALARIO;
        se SALARIO <= 8000 então
                SAL_NOVO ← 1.15 * SALARIO
        senão
                se SALARIO <= 15000 então
                    SAL_NOVO ← 1.10 * SALARIO
                senão
                    se SALARIO <= 20000 então
                        SAL_NOVO ← 1.05 * SALARIO
                    senão
                        SAL_NOVO ← SALARIO
                    fimse;
                fimse;
        fimse;
        escreva (NOME(J), J = 1, 40), SALARIO, SAL_NOVO;
        TOT_SAL ← TOT_SAL + SALARIO;
        TOT_SAL_NOVO ← TOT_SAL_NOVO + SAL_NOVO;
fim-para;
{Escrever linha de totais.}
escreva "Totais: Salário ", TOT_SAL, "Salário Novo ", TOT_SAL_NOVO;
fimalgoritmo.
```

3.16 ImprimeTermosSeqFibonacci: Escrever um algoritmo para imprimir os números da sequência de Fibonacci menores que 1000.

Definição da sequência de Fibonacci: 1) O primeiro termo é 0; 2) O segundo termo é 1; 3) Todos os demais termos são obtidos a partir da soma dos dois anteriores. Obedecendo à definição, obtém-se a sequência:

    0   1   1   2   3   5   8   13   21   34   ...

Resposta:
```
Algoritmo.
        declare PRIM, TERMO, PROX numérico;
        PRIM ← 0;
        TERMO ← 1;
        escreva PRIM;
        enquanto TERMO < 1000, faça:
```

```
        escreva TERMO;
        {Obtém o próximo termo da sequência.}
        PROX ← TERMO + PRIM;
        {Redefine o primeiro termo e o termo para a próxima passada.}
        PRIM ← TERMO;
        TERMO ← PROX;
    fim-enquanto;
fimalgoritmo.
```

Teste de mesa: para fazer este teste, vamos considerar que se deseja imprimir os termos menores que 10. Portanto, o algoritmo deve imprimir os seguintes números:

0   1   1   2   3   5   8.

O próximo termo já seria 13 que, portanto, não deve ser impresso.

Acompanhando a execução do algoritmo a partir da primeira atribuição (comando seguinte à declaração de variáveis), ter-se-ia:

PRIM ← 0, 1, 1, 2, 3, 5, 8.
TERMO ← 1, 1, 2, 3, 5, 8, 13.
PROX ← 1, 2, 3, 5, 8, 13.

Quando PROX recebe o valor 13, ao ser testada a condição do **Enquanto** (no teste de mesa estamos considerando que a constante da condição é 10), resulta num valor lógico falso. Por isso, encerra a operação **Enquanto** e o algoritmo é finalizado.

3.17 DeterminaSeValorPertenceSeqFibonacci: Escrever um algoritmo para determinar se dado valor numérico N lido pertence ou não à sequência de Fibonacci.

Comentários: 1) se o número N lido for um dos dois primeiros termos (0 ou 1), o primeiro teste já percebe e imprime a mensagem; 2) se o número lido não for um dos dois primeiros termos então o algoritmo segue para a repetição, de modo a determinar os próximos termos. A condição de término do **Enquanto** determina a parada quando TERMO for maior ou igual a N, já que não teria sentido prosseguir a obtenção dos termos se: ou o número foi confirmado como

Curso de Construção de Algoritmos (com Java) – A. B. Furtado e V. V. de Araújo

pertencente à sequência ou foi obtido um próximo termo maior do que o número lido, atestando que não pertence à sequência.

Resposta:
Algoritmo.
declare PRIM, TERMO, PROX, N numérico;
leia N;
se N = 0 ou N = 1 então
escreva N, " pertence à sequência de Fibonacci"
senão
PRIM ← 0;
TERMO ← 1;
enquanto TERMO < N, faça:
{Obtém o próximo termo da sequência.}
PROX ← TERMO + PRIM;
{Redefine o primeiro termo e o termo para a próxima passada.}
PRIM ← TERMO;
TERMO ← PROX;
fim-enquanto;
se TERMO = N então
escreva N, "pertence à sequência de Fibonacci"
senão
escreva N, "não pertence à sequência de Fibonacci"
fimse;
fimse;
fimalgoritmo.

3.18 DeterminaDadoTermoSeqFibonacci: Escrever um algoritmo para determinar um dado termo da sequência de Fibonacci; o número de ordem do termo (N) é lido no início do algoritmo.

Resposta: Neste caso, é necessário contar os termos à medida que são obtidos, de modo que se possa alcançar o n-ésimo termo desejado. Por isso, a solução abaixo apresenta o contador CONT com este propósito.

Resposta:
Algoritmo.
declare PRIM, TERMO, PROX, N, CONTnumérico;
leia N;
se N = 1 então
escreva "O termo ", N, " é 0"
senão

```
se N = 2 então
        escreva "O termo ", N, " é 1"
senão
        PRIM ← 0;
        TERMO ← 1;
        CONT ← 2;
        enquanto CONT < N, faça:
                {Obtém o próximo termo da sequência.}
                PROX ← TERMO + PRIM;
                    {Redefine o primeiro termo e o termo para a próxima passada.}
                PRIM ← TERMO;
                TERMO ← PROX;
                CONT ← CONT + 1;
        fim-enquanto;
                escreva "O termo ", N, " é ", TERMO;
    fimse;
  fimse;
fimalgoritmo.
```

3.19 SomaPrimeiros10TermosSeqFibonacci: Escrever um algo-ritmo para obter a soma dos primeiros dez termos da sequência de Fibonacci.

Resposta:
```
Algoritmo.
    declare PRIM, TERMO, PROX, CONT, SOMA numérico;
    PRIM ← 0;
    TERMO ← 1;
    CONT ← 2;
    SOMA ← 1;
    enquanto CONT < 10, faça:
            {Obtém o próximo termo da sequência.}
            PROX ← TERMO + PRIM;
            SOMA ← SOMA + PROX;
            {Redefine o primeiro termo e o termo para a próxima passada.}
            PRIM ← TERMO;
            TERMO ← PROX;
            CONT ← CONT + 1;
    fim-enquanto;
    escreva "A soma dos 10 primeiros termos = ", SOMA;
fimalgoritmo.
```

Teste de mesa: por restrição de tempo, pode-se testar o algoritmo acima para fazer a soma dos cinco primeiros termos (0, 1, 1, 2, 3); o algoritmo deve produzir o valor 7 como resultado a ser impresso.

O comando abaixo deve ser alterado no teste; o valor 10 é alterado para 5:

> enquanto CONT < 10, faça:

3.20 ImprimeTermosIntervaloSeqFibonacci: Escrever um algo-ritmo para imprimir os termos da sequência de Fibonacci entre 1000 e 2000.

```
Algoritmo.
    declare PRIM, TERMO, PROX numérico;
    PRIM ← 0;
    TERMO ← 1;
    enquanto TERMO < 2000, faça:
            se TERMO > 1000 então
                    escreva TERMO
            fimse;
            {Obtém o próximo termo da sequência.}
            PROX ← TERMO + PRIM;
            {Redefine o primeiro termo e o termo para a próxima passada.}
            PRIM ← TERMO;
            TERMO ← PROX;
    fim-enquanto;
fimalgoritmo.
```

Teste de mesa: por restrição de tempo, pode-se testar o algoritmo acima para imprimir os termos entre 4 e 10, por exemplo; como os termos são (0, 1, 1, 2, 3, 5, 8, 13,...), o algoritmo deve imprimir os valores 5 e 8. É óbvio que os comandos abaixo no teste precisam ser alterados: o valor 2000 para 10 e o valor 1000 para 4:

> enquanto TERMO < 2000, faça:
>
> se TERMO > 1000 então

3.21 SomaTermosIntervaloSeqFibonacci: Escrever um algoritmo para obter a soma dos termos da sequência de Fibonacci entre 500 e 1000.

```
Algoritmo.
    declare PRIM, TERMO, PROX, SOMA numérico;
    PRIM ← 0;
    TERMO ← 1;
    SOMA ← 0;
    enquanto TERMO < 1000, faça:
```

60

```
        se TERMO > 500 então
            SOMA ← SOMA + TERMO
        fimse;
        {Obtém o próximo termo da sequência.}
        PROX ← TERMO + PRIM;
        SOMA ← SOMA + PROX;
        {Redefine o primeiro termo e o termo para a próxima passada.}
        PRIM ← TERMO;
        TERMO ← PROX;
    fim-enquanto;
        escreva "A soma dos termos entre 500 e 1000 = ", SOMA;
fimalgoritmo.
```

Teste de mesa: por restrição de tempo, pode-se testar o algoritmo acima para imprimir a soma dos termos entre 4 e 10, por exemplo; como os termos são (0, 1, 1, 2, 3, 5, 8, 13,...), o algoritmo deve imprimir o valor 13. É óbvio que os comandos abaixo no teste precisam ser alterados: o valor 1000 para 10 e o valor 500 para 4:

```
        enquanto TERMO < 1000, faça:

        se TERMO > 500 então
```

3.22 DeterminaTermosIntervaloSeqFibonacci: Escrever um algoritmo para obter os termos de ordem 50 até o de ordem 60 da sequência de Fibonacci.

```
Algoritmo.
    declare PRIM, TERMO, PROX, CONT numérico;
    PRIM ← 0;
    TERMO ← 1;
    CONT ← 2;
    enquanto CONT ≤ 60, faça:
        se CONT ≥ 50 então
            escreva TERMO
        fimse;
        {Obtém o próximo termo da sequência.}
        PROX ← TERMO + PRIM;
        {Redefine o primeiro termo e o termo para a próxima passada.}
        PRIM ← TERMO;
        TERMO ← PROX;
        CONT ← CONT + 1;
    fim-enquanto;
fimalgoritmo.
```

Teste de mesa: por restrição de tempo, pode-se testar o algoritmo acima para imprimir do sexto ao oitavo termo, por exemplo; como os termos são (0, 1, 1, 2, 3, 5, 8, 13,...), o algoritmo deve imprimir os valores 5, 8 e 13. É óbvio que os comandos abaixo no teste precisam ser alterados: o valor 60 para 8 e o valor 50 para 6:

enquanto CONT ≤ 60, faça:

se CONT ≥ 50 então

3.23 SomaTermosIntervaloSeqFibonacci: Escrever um algoritmo para obter a soma dos termos de ordem 50 até o de ordem 60 da sequência de Fibonacci.

```
Algoritmo.
    declare PRIM, TERMO, PROX, CONT, SOMA numérico;
    PRIM ← 0;
    TERMO ← 1;
    CONT ← 2;
    SOMA ← 0;
    enquanto CONT ≤ 60, faça:
        se CONT ≥ 50 então
            SOMA ← SOMA + TERMO
        fimse;
        {Obtém o próximo termo da sequência.}
        PROX ← TERMO + PRIM;
        {Redefine o primeiro termo e o termo para a próxima passada.}
        PRIM ← TERMO;
        TERMO ← PROX;
        CONT ← CONT + 1;
    fim-enquanto;
    escreva "A soma dos termos de ordem 50 a 60 = ", SOMA;
fimalgoritmo.
```

Teste de mesa: por restrição de tempo, pode-se testar o algoritmo acima para imprimir a soma do sexto ao oitavo termo, por exemplo; como os termos são (0, 1, 1, 2, 3, 5, 8, 13,...), o algoritmo deve imprimir o valor 26 como resultado. É óbvio que os comandos abaixo no teste precisam ser alterados: o valor 60 para 8 e o valor 50 para 6:

enquanto CONT ≤ 60, faça:
se CONT ≥ 50 então

3.24 LêDados-ContaAlunos: Escrever um algoritmo para ler NOME, NOTA1, NOTA2, NOTA3 de 200 alunos do estado e determinar quantos alunos têm média aritmética entre 9 e 10 (inclusive os extremos).

Resposta:
  Algoritmo.
      declare CONT, NOTA1, NOTA2, NOTA3, I, MEDIA numérico;
      declare NOME literal;
      CONT ← 0;
      para I = 1, 200
              leia NOME, NOTA1, NOTA2, NOTA3;
              MEDIA ← (NOTA1 + NOTA2 + NOTA3) / 3;
              se MEDIA >= 9 então
                      CONT ← CONT + 1
              fimse;
      fimpara;
      escreva "Número de Alunos com Média entre 9 e 10: ", CONT;
  fimalgoritmo.

Teste de mesa: a partir daqui (até o fim deste capítulo), dispensamos o teste de mesa e os comentários. Ratificamos que os testes de mesa ("*table tests*") são imprescindíveis para garantir a correção do algoritmo construído.

3.25 LêValor-DecompõeCédulas: Escrever um algoritmo para, dado um valor numérico, decompô-lo nas cédulas de R$ 50, R$ 10, R$ 5, R$ 1, de modo a imprimir o seguinte:

VALOR LIDO – R$ XXXXXXX.
NÚMERO DE CÉDULAS DE R$ 50 – XXXXX
NÚMERO DE CÉDULAS DE R$ 10 – XXXXX
NÚMERO DE CÉDULAS DE R$ 5 – XXXXX
NÚMERO DE CÉDULAS DE R$ 1 – XXXXX

Resposta:
  Algoritmo.
      declare VALOR,   {contém valor lido}
              SOBRA,   {contém o que sobrou com a retirada de cédulas anterior}
              N50,   {número de cédulas de R$ 50 contidas em VALOR}
              N10,   {número de cédulas de R$ 10 contidas em VALOR }
              N5,   {número de cédulas de R$ 5 contidas em VALOR }
              N1,   {número de cédulas de R$ 1 contidas em VALOR }

```
        leia VALOR;
        N50 ← QUOCIENTE(VALOR, 50);
        SOBRA ← RESTO(VALOR,50);
        N10 ← QUOCIENTE(SOBRA, 10);
        SOBRA ← RESTO(SOBRA, 10);
        N5 ← QUOCIENTE(SOBRA, 5);
        N1 ← RESTO(SOBRA, 5);
        escreva "Valor Lido – R$ ", VALOR;
        escreva "Número de Cédulas de R$ 50 – ", N50;
        escreva "Número de Cédulas de R$ 10 – ", N10;
        escreva "Número de Cédulas de R$  5 – ", N5;
        escreva "Número de Cédulas de R$       1 – ", N1;
    fimalgoritmo.
```

3.26 Lê50Valores-decompõeCédulas: Escrever um algoritmo para ler 50 valores numéricos, e decompô-los nas cédulas de R$ 50, R$ 10, R$ 5, R$ 1, de modo a imprimir o seguinte:

TOTAL DOS VALORES LIDOS – R$ XXXXXXX.	**Lin. 1**
NÚMERO DE CÉDULAS DE R$ 50 – XXXXX	**Lin. 2**
NÚMERO DE CÉDULAS DE R$ 10 – XXXXX	**Lin. 3**
NÚMERO DE CÉDULAS DE R$ 5 – XXXXX	**Lin. 4**
NÚMERO DE CÉDULAS DE R$ 1 – XXXXX	**Lin. 5**

OBS.: usar comando de repetição ("repetir 50 vezes"); usar uma variável para acumular os valores lidos (que serão totalizados para permitir imprimir a linha 1); usar quatro variáveis para acumular os totais de cédulas correspondentes a cada valor, para permitir imprimir as linhas 2 a 5.

Resposta:

```
    Algoritmo.
        declare VALOR,  {contém valor lido}
                SOBRA,  {contém o que sobrou com a retirada de cédulas anterior}
                N50,    {número de cédulas de R$ 50 contidas em VALOR}
                N10,    {número de cédulas de R$ 10 contidas em VALOR }
                N5,     {número de cédulas de R$ 5 contidas em VALOR }
                N1,     {número de cédulas de R$ 1 contidas em VALOR }
                        {as variáveis seguintes serão usadas para fazer as totalizações:}
                AC_VAL, {acumula valor lido}
                AC_N50, {acumula cédulas de R$ 50 do valor lido}
                AC_N10, {acumula cédulas de R$ 10 do valor lido}
                AC_N5,  {acumula cédulas de R$ 5 do valor lido}
                AC_N1   {acumula cédulas de R$ 1 do valor lido}
                    numérico;
```

```
{inicializa acumuladores}
   AC_VAL← 0;
   AC_N50 ← 0;
   AC_N10 ← 0;
   AC_N5 ← 0;
   AC_N1 ← 0;
{repetição para ler e processar os 50 valores}
   repetir 50 vezes:
       leia VALOR;
{calcula número de cédulas do valor lido}
       N50 ← QUOCIENTE(VALOR, 50);
       SOBRA ← RESTO(VALOR,50);
       N10 ← QUOCIENTE(SOBRA, 10);
       SOBRA ← RESTO(SOBRA, 10);
       N5 ← QUOCIENTE(SOBRA, 5);
       N1 ← RESTO(SOBRA, 5);
{acumulações}
       AC_VAL ← AC_VAL + VALOR;
       AC_N50 ← AC_N50 + N50;
       AC_N10 ← AC_N10 + N10;
       AC_N5 ← AC_N5 + N5;
       AC_N1 ← AC_N1 + N1;
   fim-repetir;
   escreva "TOTAL DOS VALORES LIDOS – R$ ", AC_VAL;
   escreva "NÚMERO DE CÉDULAS DE R$ 50 – ", AC_N50;
   escreva "NÚMERO DE CÉDULAS DE R$ 10 – ", AC_N10;
   escreva "NÚMERO DE CÉDULAS DE R$  5 – ", AC_N5;
   escreva "NÚMERO DE CÉDULAS DE R$      1 – ", AC_N1;
fimalgoritmo.
```

3.27 Lê50Valores-imprime: Escrever um algoritmo para ler 50 valores numéricos e imprimir o seguinte:

NÚMERO DE VALORES DO INTERVALO [100, 150] – XXXX
TOTAL DOS VALORES DO INTERVALO [100,150]   - XXXXXXX
NÚMERO DE VALORES DO INTERVALO [200, 299] – XXXX
TOTAL DOS VALORES DO INTERVALO [200,299]   - XXXXXXX.

OBS.: Para obter o "NÚMERO DE VALORES DO INTERVALO [100, 150] – XXXX", usar uma variável contadora;
Para obter o "TOTAL DOS VALORES DO INTERVALO [100,150] – XXXXXXX", usar uma variável acumuladora.

Resposta:

Algoritmo.

declare N100_150,   {conta valores do intervalo [100, 150]}

AC100_150, {acumula valores do intervalo [100, 150]}

N200_299,   {conta valores do intervalo [200, 299]}

AC200_299, {acumula valores do intervalo [200, 299]}

VALOR   {valor lido}

numérico;

{inicializa contadores e acumuladores}

N100_150 ← 0;

N200_299 ← 0;

AC100_150 ← 0;

AC200_299 ← 0;

{repetição para ler e processar os 50 valores}

repetir 50 vezes:

leia VALOR;

{testa se valor lido pertence a um dos intervalos}

se VALOR >= 100 e VALOR <= 150 então

N100_150 ← N100_150 + 1;

AC100_150 ← AC100_150 + VALOR

senão

se VALOR >= 200 e VALOR <= 299 então

N200_299 ← N200_299 + 1;

AC200_299 ← AC200_299 + VALOR

fimse;

fimse;

fim-repetir;

escreva "NÚMERO DE VALORES DO INTERVALO [100, 150] – ", N100_150;

escreva "TOTAL DOS VALORES DO INTERVALO [100, 150] – ", AC100_150;

escreva "NÚMERO DE VALORES DO INTERVALO [200, 299] – ", N200_299;

escreva "TOTAL DOS VALORES DO INTERVALO [200, 299] – ", AC200_299

fimalgoritmo.

3.28 LêRenda-imprimeTotaisPorFaixa: Escrever um algoritmo para ler a renda mensal de um grupo de pagadores do imposto de renda e imprimir o que se pede abaixo (considerar que há 2000 pagadores):

Faixa	No. de Contrib.
1	XXXX
2	XXXX
3	XXXX
4	XXXX
5	XXXX

Os valores de cada faixa são informados na tabela abaixo:

Faixa de Rendimento	Faixa
Até R$ 1.434,59	1
De R$ 1.434,60 a R$ 2.150,00	2
De R$ 2.150,01 a R$ 2.866,70	3
De R$ 2.866,71 a R$ 3.582,00	4
Acima de R$ 3.582,00	5

Resposta:

Algoritmo.

declare RENDA, FAIX1, FAIX2, FAIX3, FAIX4, FAIX5, I numérico;
FAIX1 ← 0;
FAIX2 ← 0;
FAIX3 ← 0;
FAIX4 ← 0;
FAIX5 ← 0;
para I = 1, 2000
    leia RENDA;
    se RENDA <= 1434,59 então
      FAIX1 ← FAIX1 + 1
    senão
      se RENDA <= 2150 então
        FAIX2 ← FAIX2 + 1
      senão
        se RENDA <= 2866,70 então
          FAIX3 ← FAIX3 + 1
        senão
          se RENDA <= 3582 então
            FAIX4 ← FAIX4 + 1
          senão
            FAIX5 ← FAIX5 + 1
          fimse;
        fimse;
      fimse;
    fimse;
fimpara;
escreva"Faixa   No. de Pagadores de Imposto";
escreva "1   ", FAIX1;
escreva "2   ", FAIX2;
escreva "3   ", FAIX3;
escreva "4   ", FAIX4;
escreva "5   ", FAIX5;
fim-algoritmo.

3.29 Lê3Notas200Alunos-testa-imprimeVariação1: Escrever um algoritmo para ler NOME, NOTA 1, NOTA 2, NOTA 3 de 200 alunos do estado e determinar quantos alunos têm duas notas < 5.

Resposta:
    Algoritmo.
        declare I, NOTA1, NOTA2, NOTA3, CONT numérico;
        declare NOME literal;
        CONT ← 0;
        para I = 1, 200 passo 1
            leia NOME, NOTA1, NOTA2, NOTA3
            se (NOTA1 < 5 e NOTA2 < 5) ou
               (NOTA1 < 5 e NOTA3 < 5) ou
               (NOTA2 < 5 e NOTA3 < 5) então
                  CONT ← CONT + 1
            fimse
        fimpara;
        escreva "Número de alunos com 2 notas < 5 = ", CONT.
    fimalgoritmo.

3.30 Lê3Notas200Alunos-testa-imprimeVariação2: Escrever um algoritmo para ler NOME, NOTA 1, NOTA 2, NOTA 3 de 200 alunos do estado e determinar quantos alunos têm as três notas < 5.

Resposta:
    Algoritmo.
        declare I, NOTA1, NOTA2, NOTA3, CONT numérico;
        declare NOME literal;
        CONT ← 0;
        para I = 1, 200 passo 1
            leia NOME, NOTA1, NOTA2, NOTA3
            se (NOTA1 < 5 e NOTA2 < 5 e NOTA3 < 5) então
                CONT ← CONT + 1
            fimse
        fimpara;
        escreva "Número de alunos com as 3 notas < 5 = ", CONT.
    fimalgoritmo.

3.31 Lê3Notas200Alunos-testa-imprimeVariação3: Escrever um algoritmo para ler NOME, NOTA 1, NOTA 2, NOTA 3 de 200 alunos do estado e determinar quantos alunos têm pelo menos uma nota igual a zero.

Resposta:
```
Algoritmo.
    declare I, NOTA1, NOTA2, NOTA3, CONT numérico;
    declare NOME literal;
    CONT ← 0;
    para I = 1, 200 passo 1
        leia NOME, NOTA1, NOTA2, NOTA3
        se (NOTA1 = 0 ou
            NOTA2 = 0 ou
            NOTA3 = 0) então
                CONT ← CONT + 1
        fimse
    fimpara;
    escreva "Número de alunos com pelo menos uma nota igual a 0 = ", CONT.
fimalgoritmo.
```

3.32 Lê3Notas200Alunos-testa-imprimeVariação4: Escrever um algoritmo para ler NOME, NOTA 1, NOTA 2, NOTA 3 de 200 alunos do estado e determinar quantos alunos têm média aritmética entre 9 e 10 (inclusive os extremos).

Resposta:
```
Algoritmo.
    declare I, NOTA1, NOTA2, NOTA3, MEDIA, CONT numérico;
    declare NOME literal;
    CONT ← 0;
    para I = 1, 200 passo 1
        leia NOME, NOTA1, NOTA2, NOTA3
        MEDIA ← (NOTA1 + NOTA2 + NOTA3)/3
        se (MEDIA >= 9 e
            MEDIA <= 10) então
                CONT ← CONT + 1
        fimse
    fimpara;
    escreva "Número de alunos com média entre 9 e 10 = ", CONT.
fimalgoritmo.
```

3.33 Lê3Notas200Alunos-testa-imprimeVariação5: Escrever um algoritmo para ler NOME, NOTA 1, NOTA 2, NOTA 3 de 200 alunos do estado e determinar quantos alunos têm exatamente uma só nota menor que 5, quantos têm exatamente duas notas menores que 5 e quantos têm as três notas menores que 5.

Resposta:

```
Algoritmo.
    declare I, NOTA1, NOTA2, NOTA3, CONT1N, CONT2N, CONT3N numérico;
    declare NOME literal;
    CONT1N ← 0;
    CONT2N ← 0;
    CONT3N ← 0;
    para I = 1, 200 passo 1
        leia NOME, NOTA1, NOTA2, NOTA3
        se (NOTA1 < 5 e   {Teste se uma só nota é < 5}
            NOTA2 >= 5 e
            NOTA3 >= 5) ou
            (NOTA2 < 5 e
            NOTA1 >= 5 e
            NOTA3 >= 5) ou
            (NOTA3 < 5 e
            NOTA1 >= 5 e
            NOTA2 >= 5) então
                    CONT1N ← CONT1N + 1
        senão                    {Testa se duas notas são < 5}
            se (NOTA1 < 5 e NOTA2 < 5 e NOTA3 >= 5) ou
               (NOTA1 < 5 e NOTA3 < 5 e NOTA2 >= 5) ou
               (NOTA2 < 5 e NOTA3 < 5 e NOTA1 >= 5) então
                    CONT2N ← CONT2N + 1
            senão                {Testa se as três notas são < 5}
                se (NOTA1 < 5 e NOTA2 < 5 e NOTA3 < 5) então
                    CONT3N ← CONT3N + 1
                fimse
            fimse
        fimse
    fimpara;
    escreva "Número de alunos com uma nota < 5 ", CONT1N;
    escreva "Número de alunos com duas notas < 5 ", CONT2N;
    escreva "Número de alunos com três notas < 5 ", CONT3N;
fimalgoritmo.
```

Comentários: Como as três condições são mutuamente exclusivas, podemos aninhar os ses. Sendo inválida uma condição, as outras não podem ser descartadas. A ordem dos testes das condições apresentada no algoritmo acima é a melhor, ou poderíamos mudar a ordem dos testes para que o algoritmo executasse no menor tempo possível? Isto depende das notas da turma: em uma turma constituída de bons alunos, seria mais provável que tivessem não mais que uma nota menor que 5. Assim, a primeira condição seria mais provavelmente satisfeita, o que dispensaria que os outros testes fossem realizados.

Argumento: tomando como base os exercícios resolvidos, a lista de exercícios propostos é apresentada dando chance que os alunos manejem os algoritmos sugeridos para produzir a solução pedida em cada caso proposto. Ele precisará verificar o que é que o exercício proposto pede: com base nisto, ele proporá as alterações necessárias no algoritmo-base.

3.34 Exercícios propostos:

1) Escrever um algoritmo para calcular e imprimir o imposto de renda de um grupo de contribuintes considerando que os dados de cada contribuinte (número do CPF, e a renda mensal) são lidos em dois conjuntos CPF e RENDA no início do algoritmo. Considerar que há 2000 contribuintes.

Os valores da alíquota e da dedução para cálculo do imposto são:

Faixa de Rendimento	Alíquota	Dedução (R$)
Até R$1.434,59	0%	Isento
De R$1.434,60 a R$2.150	7,5%	107,59
De R$ 2.150,01 a R$2866,70	15%	268,84
De 2.866,71 a R$3.582,00	22,5%	483,84
Acima de R$3.582,00	27,5%	662,94

Fonte: Receita Federal do Brasil

Para calcular o imposto de renda, fazer da seguinte maneira: determinar a faixa do rendimento do contribuinte, calcular o valor correspondente à alíquota do rendimento e subtrair do resultado o valor da dedução respectiva. Por exemplo: se a renda do contribuinte é R$ 2.500,00, sua alíquota é de 15% e a dedução é de R$ 268,84. Fazendo o cálculo, obtém-se:

Imposto de renda ← 2500,00 * 0,15 – 268,84;
Imposto de renda ← 375,00 – 268,84;
Imposto de renda ← 106,16.

O algoritmo deve imprimir para cada contribuinte o CPF e o seu imposto de renda calculado correspondente.

2) Escrever um algoritmo para ler NOME, NOTA 1, NOTA 2, NOTA 3 de 200 alunos do estado e determinar o aluno com maior média aritmética das notas. Imprimir no fim o seguinte:

XX—(nome)--XX, parabéns! Você é o melhor aluno do Estado. (Sua média foi XXX.XX). Média dos alunos = XXX.XX.

3) Escrever um algoritmo para ler NOME, NOTA 1, NOTA 2, NOTA 3 de 200 alunos do estado e determinar o aluno com menor média aritmética das notas. Imprimir no fim o seguinte:

XX--nome--XX, Você conseguiu! É o pior aluno do Estado. (Sua média foi XXX.XX). Média dos alunos = XXX.XX.

4) Escrever um algoritmo para ler um valor numérico no formato MCDU (M – milhar; C – centena; D – dezena; U – unidade) e imprimir o valor invertido (UDCM). Exemplo: se o valor é 1234, será impresso 4321.

5) Escrever um algoritmo para ler matrícula, nome e o salário de 200 empregados de uma empresa e imprimir um relatório com estas informações, sendo que o valor do salário deve ser corrigido por um percentual que é lido no início do algoritmo. No fim do relatório, o algoritmo deve imprimir o total de salário e o total de salário novo (ver o exemplo abaixo).

Exemplo das informações lidas (2 empregados somente; considerar reajuste de 10%):

Matrícula	Nome	Salário (R$)	Salário Novo (R$)
2020	Pedro José Vieira	1.000,00	1.100,00
2022	Antônio Marcos	2.000,00	2.200,00
	TOTAIS -	3.000,00	3.300,00

O próximo capítulo apresenta algoritmos com uso de variáveis simples e variáveis compostas unidimensionais.

CAPÍTULO 4: CONSTRUÇÃO DE ALGORITMOS: USO DE VARIÁVEIS COMPOSTAS UNIDIMENSIONAIS

Neste capítulo, vamos explorar o uso de variáveis compostas unidimensionais. Como visto, uma variável composta ocupa várias posições consecutivas de memória, permitindo que sejam armazenados vários valores. Neste caso, haverá um índice que identifica o elemento do conjunto. Assim, podemos ter um conjunto A, declarado com 1000 elementos. Podemos referenciar, então, A(1), A(2), ..., A(1000).

No comando **declare** informamos que uma dada variável é um conjunto e dimensionamos seu número de elementos. Por exemplo,

declare A(1000) **numérico**;

informa que A é um conjunto (ou *array*) unidimensional com 1000 elementos.

4.1 LêConjunto100Valores-imprime: Fazer um algoritmo para ler um conjunto de 100 valores numéricos e imprimir a soma dos valores do conjunto.

Comentários: analisando-se o enunciado, nota-se que há necessidade de declarar um conjunto (A) de 100 valores, uma variável para acumular (SOMA) os valores do conjunto; a variável I é utilizada para índice dos elementos do conjunto, de modo que se possa referenciar um dado elemento do conjunto como A(I), em que I pode assumir um dos valores de 1 a 100.

Teste de mesa: Para fazer o teste que confirme a correção do algoritmo – atividade exigida para todo algoritmo construído – será considerado um conjunto de, por exemplo, 5 valores para efeito de acompanhamento do algoritmo. É óbvio que se o algoritmo funciona corretamente para 5 valores, funcionará para os 100 valores do enunciado.

Considere, como exemplo então, os valores abaixo:

Valores de A:	5	3	8	6	1
Posição:	1	2	3	4	5

Para este conjunto de valores de entrada, a soma a ser obtida é 23. Se o teste de mesa produzir este valor como resultado impresso, isto confirmará a correção do algoritmo.

Resposta: Os números colocados à esquerda do algoritmo objetivam facilitar a referência aos seus comandos.

```
1    Algoritmo.
2        declare A(100), I, SOMA numérico;
3        leia (A(I), I = 1, 100);
4        SOMA ← 0;
5        para I = 1, 100
6              SOMA ← SOMA + A(I);
7        fimpara;
8        escreva "A soma dos 100 valores é = ", SOMA;
9    fimalgoritmo.
```

Acompanhamento do algoritmo: considerando que o comando 3 foi executado para ler o conjunto de 5 valores sugeridos para teste acima, tem-se a distribuição mostrada dos valores de A. Abaixo são listadas as variáveis com os valores resultantes da execução do algoritmo a partir do comando 4; o último valor de cada variável representa o valor mais recente armazenado:

SOMA ← 0,
Para I← 1, SOMA ← 0 + A(1), SOMA ← 0 + 5, SOMA ← 5;
Para I← 2, SOMA ← 5 + A(2), SOMA ← 5 + 3, SOMA ← 8;
Para I← 3, SOMA ← 8 + A(3), SOMA ← 8 + 8, SOMA ← 16;
Para I← 4, SOMA ← 16 + A(4), SOMA ← 16 + 6, SOMA ← 22;
Para I← 5, SOMA ← 22 + A(5), SOMA ← 22 + 1, SOMA ← 23.

Como se considerou que o conjunto de teste teria 5 elementos, o laço *para-fimpara* seria encerrado quando I assumisse o valor 6. Em seguida, há a execução do comando 8 (impressão da soma):

A soma dos 100 valores é = 23.

É óbvio que o comando 8, que faz a impressão acima, não foi ajustado para refletir o número de elementos considerado do conjunto (no caso, 5); como o enunciado fala em 100 elementos, é este número que deve prevalecer. Na execução do teste de mesa, não há necessidade de se chegar ao preciosismo de modificar este comando. Em todo caso, percebe-se a correção do algoritmo por produzir o resultado esperado.

4.2 LêConjunto100Valores-imprimeSomaOrdemÍmpar: Fazer um algoritmo para ler um conjunto de 100 valores numéricos e imprimir a soma dos valores dos elementos de número de ordem ímpar do conjunto.

Comentário: como se trata de uma variação do problema anterior, será apresentado diretamente o algoritmo correspondente: observe-se que foi acrescentado no comando *para* o *passo* 2, o que significa haverá um incremento de 2 à variável I, a partir de 1. Quando o incremento da variável de controle do laço é de 1, o passo não precisa ser informado. Este foi o caso do algoritmo anterior. No entanto, neste algoritmo, deseja-se referenciar os elementos A(1), A(3), A(5), etc. até A(99): há necessidade de informar que o incremento é de 2.

No mais, este algoritmo mantém a lógica do anterior.

```
1    Algoritmo.
2        declare A(100), I, SOMA numérico;
3        leia (A(I), I = 1, 100);
4        SOMA ← 0;
5        para I = 1, 100 passo 2
6            SOMA ← SOMA + A(I);
7        fimpara;
8        escreva "A soma dos elementos de número de ordem ímpar é = ", SOMA;
9    fimalgoritmo.
```

4.3 LêConjunto100Valores-imprimeSomaPar: Fazer um algoritmo para ler um conjunto de 100 valores numéricos e imprimir a soma dos valores dos elementos de número de ordem par do conjunto.

Comentário: Uma variação do problema anterior: deseja-se agora somar os elementos de ordem par do conjunto: ou seja, A(2), A(4), A(6), ... , A(100). O algoritmo é apresentado abaixo; observe-se que foi mantido no comando *para* o *passo* 2; só que o valor inicial da variável I foi alterado para 2, já que se deseja que o primeiro elemento a ser somado seja A(2). No mais, este algoritmo mantém a lógica do anterior.

```
1    Algoritmo.
2        declare A(100), I, SOMA numérico;
3        leia (A(I), I = 1, 100);
4        SOMA ← 0;
```

```
5       para I = 2, 100 passo 2
6       SOMA ← SOMA + A(I);
7       fimpara;
8       escreva "A soma dos elementos de número de ordem par é = ", SOMA;
9       fimalgoritmo.
```

4.4 Lê1000Valores-imprimeMédia: Fazer um algoritmo para ler 1000 valores e imprimir a média dos valores lidos.

Comentário: analisando-se o enunciado, nota-se que há necessidade de declarar um conjunto (A) de 1000 elementos, uma variável para acumular (SOMA) os valores do conjunto e uma variável para receber a média (MEDIA); a variável I é utilizada para índice dos elementos do conjunto.

Teste de mesa: Para fazer o teste que confirme a correção do algoritmo – atividade exigida para todo algoritmo construído – será considerado um conjunto de, por exemplo, 10 valores para efeito de acompanhamento do algoritmo. É óbvio que se o algoritmo funciona corretamente para 10 valores, funcionará para os 1000 valores do enunciado.

Considere, como exemplo, então, os valores abaixo:

Valor de A:	5	3	8	6	1	9	3	4	1	2
Posição:	1	2	3	4	5	6	7	8	9	10

Para este conjunto de valores de entrada, a soma a ser obtida é 42. Como o objetivo é calcular a média, dividindo-se por 10, tem-se 4,2 como valor da média a ser impressa. Se o teste de mesa produzir este valor como resultado impresso, isto confirmará a correção do algoritmo.

Resposta:
```
1       Algoritmo.
2       declare A(1000), I, MEDIA, SOMA numérico;
3       leia (A(I), I = 1, 1000);
4       SOMA ← 0;
5       para I = 1, 1000
6       SOMA ← SOMA + A(I);
7       fimpara;
8       MEDIA ← SOMA / 1000;
9       escreva "A média dos 1000 valores é = ", MEDIA.
```

10   fimalgoritmo.

Acompanhamento do algoritmo: considerando que o comando 3 foi executado para ler o conjunto de 10 valores sugeridos para teste acima, tem-se a distribuição mostrada dos valores de A. Abaixo são listadas as variáveis com os valores resultantes da execução do algoritmo a partir do comando 4; o último valor de cada variável representa o valor mais recente armazenado:

SOMA ← 0,
Para I← 1, SOMA ← 0 + A(1), SOMA ← 0 + 5, SOMA ← 5;
Para I← 2, SOMA ← 5 + A(2), SOMA ← 5 + 3, SOMA ← 8;
Para I← 3, SOMA ← 8 + A(3), SOMA ← 8 + 8, SOMA ← 16;
Para I← 4, SOMA ← 16 + A(4), SOMA ← 16 + 6, SOMA ← 22;
Para I← 5, SOMA ← 22 + A(5), SOMA ← 22 + 1, SOMA ← 23;
Para I← 6, SOMA ← 23 + A(6), SOMA ← 22 + 9, SOMA ← 32;
Para I← 7, SOMA ← 32 + A(7), SOMA ← 32 + 3, SOMA ← 35;
Para I← 8, SOMA ← 35 + A(8), SOMA ← 35 + 4, SOMA ← 39;
Para I← 9, SOMA ← 39 + A(9), SOMA ← 39 + 1, SOMA ← 40;
Para I← 10, SOMA ← 40 + A(10), SOMA ← 40 + 2, SOMA ← 42.

Como se considerou que o conjunto de teste teria 10 elementos, o laço *para-fimpara* seria encerrado quando I assumisse o valor 11. Em seguida, há a execução do comando 8 (cálculo da média): MEDIA ← SOMA / 10, MEDIA ← 42 / 10, MEDIA ← 4.2. O comando 9 imprime:
         A soma dos valores é = 4.2
Isto confirma a correção do algoritmo.

4.5 Lê1000Valores-testaMédiaAbaixoIgualAcima: Fazer um algoritmo para ler 1000 valores e determinar quantos valores ficam abaixo da média, quantos são iguais à média e quantos ficam acima da média.

Comentários: neste caso, há necessidade de o algoritmo, depois de ler os valores do conjunto, calcular a média (exatamente como no algoritmo anterior). Os valores do conjunto terão que ser processados novamente para testá-los com a média calculada, já que se deseja saber: o número de valores que ficaram abaixo, o número de valores que coincidiram com a média e o número de valores acima da média. Portanto, é necessário utilizar três contadores para atingir este fim:

serão utilizados os contadores ABAIXO, NAMEDIA e ACIMA. É o que este algoritmo terá de diferente em relação ao anterior.

As linhas de 1 a 9 são reproduzidas do algoritmo anterior. As linhas de 11 a 13 inicializam os contadores. As linhas de 14 a 24 contêm o laço para processar os valores do conjunto, fazendo o teste se o i-ésimo valor é inferior, igual ou superior à média, com o incremento do contador correspondente. Observe-se que há necessidade de dois testes somente: se A(I) é menor que a média; em caso contrário, há duas possibilidades ainda: A(I) pode ser igual ou superior à média; por isso, o segundo teste é necessário: se A(I) é igual à média; se não for, não cabe mais dúvida: o valor de A(I) é superior à média. Os comandos 25 a 27 fazem a impressão das contagens.

Resposta:

```
1    Algoritmo.
2        declare A(1000), I, MEDIA, SOMA, ABAIXO, NAMEDIA,ACIMA numérico;
3        leia (A(I), I = 1, 1000);
4            {Cálculo da média.}
5        SOMA ← 0;
6        para I = 1, 1000
7        SOMA ← SOMA + A(I);
8        fimpara;
9        MEDIA ← SOMA / 1000;
10           {Determinação do número de valores abaixo, na e acima da média.}
11       ABAIXO ← 0;
12       NAMEDIA ← 0;
13       ACIMA ← 0;
14       para I = 1, 1000
15       se A(I) < MEDIA então
16                ABAIXO ← ABAIXO + 1
17       senão
18                se A(I) = MEDIA então
19                    NAMEDIA ← NAMEDIA + 1
20                senão
21                    ACIMA ← ACIMA + 1
22                fimse
23       fimse
24       fimpara;
25       escreva "Há ", ABAIXO, "valores abaixo da média";
26       escreva "Há ", NAMEDIA, "valores iguais à média";
27       escreva "Há ", ACIMA, "valores acima da média";
28   fimalgoritmo.
```

Teste de Mesa: Considere, como exemplo, os mesmos valores do algoritmo anterior:

Valores de A:	5	3	8	6	1	9	3	4	1	2
Posição:	1	2	3	4	5	6	7	8	9	10

Sabe-se que a média calculada para este conjunto de valores é 4.2 (questão anterior). Fazendo-se a comparação de cada valor com a média, conclui-se que há 6 valores abaixo da média (3,1,3,4,1 e 2), não há nenhum valor igual à média e há 4 valores acima da média (5, 8, 6 e 9). Portanto, o acompanhamento do algoritmo deve levar à obtenção destes resultados para se garantir sua correção.

Acompanhando o algoritmo a partir do comando 11, tem-se:

ABAIXO ← 0;

NAMEDIA ← 0;

ACIMA ← 0;

Para I ← 1, comando 15 [A(1) < 4.2?], [5 < 4.2?], resulta falso; é executado o comando 18 [A(1) = 4.2?], [5 = 4.2?], resulta falso; é executado então o comando 21: ACIMA ← ACIMA + 1; ACIMA ← 0 + 1, ACIMA ← 1;

Para I ← 2, comando 15 [A(2) < 4.2?], [3 < 4.2?], resulta falso; é executado o comando 16: ABAIXO ← ABAIXO + 1; ABAIXO ← 0 + 1, ABAIXO ← 1;

Para I ← 3, comando 15 [A(3) < 4.2?], [8 < 4.2?], resulta falso; é executado o comando 18 [A(3) = 4.2?], [8 = 4.2?], resulta falso; é executado então o comando 21: ACIMA ← ACIMA + 1; ACIMA ← 1 + 1, ACIMA ← 2;

Para I ← 4, comando 15 [A(4) < 4.2?], [6 < 4.2?], resulta falso; é executado o comando 18 [A(4) = 4.2?], [6 = 4.2?], resulta falso; é executado então o comando 21: ACIMA ← ACIMA + 1; ACIMA ← 2 + 1, ACIMA ← 3;

Para I ← 5, comando 15 [A(5) < 4.2?], [1 < 4.2?], resulta falso; é executado o comando 16: ABAIXO ← ABAIXO + 1; ABAIXO ← 1 + 1, ABAIXO ← 2;

Para I ← 6, comando 15 [A(6) < 4.2?], [9 < 4.2?], resulta falso; é executado o comando 18 [A(6) = 4.2?], [9 = 4.2?], resulta falso; é executado então o comando 21: ACIMA ← ACIMA + 1; ACIMA ← 3 + 1, **ACIMA ← 4**;

Para I ← 7, comando 15 [A(7) < 4.2?], [3 < 4.2?], resulta falso; é executado o comando 16: ABAIXO ← ABAIXO + 1; ABAIXO ← 2 + 1, ABAIXO ← 3;

Para I ← 8, comando 15 [A(8) < 4.2?], [4 < 4.2?], resulta falso; é executado o comando 16: ABAIXO ← ABAIXO + 1; ABAIXO ← 3 + 1, ABAIXO ← 4;

Para I ← 9,   comando 15 [A(9) < 4.2?], [1 < 4.2?], resulta falso; é executado o comando 16:
ABAIXO ← ABAIXO + 1; ABAIXO ← 4 + 1, ABAIXO ← 5;

Para I ← 10,   comando 15 [A(10) < 4.2?], [2 < 4.2?], resulta falso; é executado o comando 16:
ABAIXO ← ABAIXO + 1; ABAIXO ← 5 + 1, **ABAIXO ← 6.**

Como se considerou que o conjunto de teste teria 10 elementos, o laço *para-fimpara* (comando 14 a 24) seria encerrado quando I assumisse o valor 11. Em seguida, há a impressão dos resultados (comandos de 25 a 27); observe que nos comandos 25, 26 e 27 aparecem, respectivamente, as variáveis ABAIXO, NAMEDIA e ACIMA; no lugar delas será impresso o valor correspondente, presente na memória (último valor, que se encontra negritado acima):

> Há 6 valores abaixo da média
> Há 0 valores iguais à média
> Há 4 valores acima da média.

4.6 Lê2Conjuntos-testa-imprimeResultados: Escrever um algoritmo para ler um conjunto MAT de 100 elementos contendo os números de matrícula de cada aluno de um colégio e outro conjunto (NOTA) de mesmo tamanho contendo as notas (0-100) de cada aluno, de tal modo que:

MAT (1) contém a matrícula do primeiro aluno;
MAT (2) contém a matrícula do segundo aluno;
....
MAT(100) contém a matrícula do centésimo aluno.
NOTA (1) contém a nota do primeiro aluno.
NOTA (2) contém a nota do segundo aluno.
....
NOTA(100) contém a nota do centésimo aluno.
Sabendo-se que a seguinte tabela é válida, fazer o que se pede abaixo:

NOTA < 50	**– REPROVADO**
50 <= NOTA < 75	**– APROVADO REGULAR**
75 <= NOTA < 90	**– APROVADO BOM**
90 <= NOTA <= 100	**– APROVADO EXCELENTE**

Imprimir os seguintes resultados:

- Número de Alunos Reprovados: XXX
- Número de Alunos Aprovados com Regular: XXX

- Número de Alunos Aprovados com Bom: XXX
- Número de Alunos Aprovados com Excelente: XXX.

Comentário: a partir daqui dispensamos o teste de mesa e os comentários por economia de espaço. No entanto, é conveniente que o leitor confirme a correção do algoritmo com um teste para efetiva fixação.

Resposta:
Algoritmo.
    declare MAT(100), NOTA(100), REP, AP_R, AP_B, AP_E, I numérico;
    leia (MAT(I), I = 1, 100);
    leia (NOTA(I), I = 1, 100);
    REP ← 0;
    AP_R ← 0;
    AP_B ← 0;
    AP_E ← 0;
    para I = 1, 100
        se NOTA (I) < 50 então
            REP ← REP + 1
        senão
            se NOTA (I) < 75 então
                AP_R ← AP_R +1
            senão
                se NOTA (I) < 90 então
                    AP_B ← AP_B + 1
                senão
                    AP_E ← AP_E + 1
                fimse
            fimse
        fimse
    fimpara;
      {Escreva contagens.}
    escreva "Número de Alunos Reprovados: ", REP;
    escreva "Número de Alunos Aprovados com R: ", AP_R;
    escreva "Número de Alunos Aprovados com B: ", AP_B;
    escreva "Número de Alunos Aprovados com E: ", AP_E;
fimalgoritmo.

4.7 Lê3Conjuntos-testa-imprimeResultados: Considerando o enunciado da questão anterior com os dois conjuntos lidos, considerar um terceiro conjunto com informação sobre o SEXO do aluno ("M" – masculino; "F" – feminino). Deseja-se saber agora o seguinte:

- Número de Mulheres Reprovadas: XXX
- Número de Mulheres Aprovadas com Regular: XXX
- Número de Mulheres Aprovadas com Bom: XXX
- Número de Mulheres Aprovadas com Excelente: XXX.

Resposta:

```
Algoritmo.
    declare MAT(100), NOTA(100), SEXO(100), REP, AP_R, AP_B, AP_E, I numérico;
    leia (MAT(I), I = 1, 100);
    leia (NOTA(I), I = 1, 100);
    leia (SEXO(I), I = 1, 100);
    REP ← 0;
    AP_R ← 0;
    AP_B ← 0;
    AP_E ← 0;
    para I = 1, 100
        se SEXO (I) = "F" e NOTA (I) < 50 então
          REP ← REP + 1
        senão
            se SEXO (I) = "F" e NOTA(I) < 75 então
                AP_R ← AP_R +1
            senão
                se SEXO (I) = "F" e NOTA (I) < 90 então
                  AP_B ← AP_B + 1
                senão
                    se SEXO(I) = "F" então
                      AP_E ← AP_E + 1
                    fimse
                fimse;
            fimse;
        fimse;
    fimpara;
        {Escreva contagens.}
    escreva "Número de Mulheres Reprovados: ", REP;
    escreva "Número de Mulheres Aprovados com R: ", AP_R;
    escreva "Número de Mulheres Aprovados com B: ", AP_B;
    escreva "Número de Mulheres Aprovados com E: ", AP_E;
fimalgoritmo.
```

Outra solução (melhor) seria (substituir somente o laço **para – fimpara**):

```
para I = 1, 100
      se SEXO (I) = "F" então
            se NOTA (I) < 50 então
            REP ← REP + 1
            senão
                  se NOTA(I) < 75 então
                  AP_R ← AP_R +1
                  senão
                        se NOTA (I) < 90 então
                        AP_B ← AP_B + 1
                        senão
                        AP_E ← AP_E + 1
                        fimse;
                  fimse;
            fimse;
      fimse;
fimpara;
```

4.8 Lê3Conjuntos-testa-imprimeResultadosVariação1: Considerando o enunciado da questão anterior, fazer um algoritmo para imprimir os seguintes resultados:

- % de Homens Aprovados: XXX.XX
- % de Mulheres Aprovados: XXX.XX
- % de Homens Reprovados: XXX.XX
- % de Mulheres Reprovadas: XXX.XX.

Resposta: para produzir o resultado pedido, devem-se contar os homens aprovados e reprovados; mulheres aprovadas e reprovadas.

```
Algoritmo.
      declare   MAT(100),   NOTA(100),   SEXO(100),   H_AP,   H_REP,   M_AP,
                M_REP,I,PCTO_H_AP, PCTO_H_REP, PCTO_M_AP, PCTO_M_REP,
                NO_H, NO_M numérico;
      leia (MAT(I), I = 1, 100);
      leia (NOTA(I), I = 1, 100);
      leia (SEXO(I), I = 1, 100);
      H_AP ← 0;
```

```
H_REP ← 0;
M_AP ← 0;
M_REP ← 0;
para I = 1, 100
    se SEXO (I) = "M" então
        se NOTA (I) < 50 então
            H_REP ← H_REP + 1
        senão
            H_AP        ← H_AP + 1
        fimse
    senão
            se NOTA(I) < 50 então
                M_REP ← M_REP +1
            senão
                M_AP ← M_AP + 1
            fimse;
    fimse;
fimpara;
NO_H ← H_REP + H_AP;
NO_M ← M_REP + M_AP;
PCTO_H_AP ← 100 * (H_AP / NO_H);
PCTO_H_REP ← 100 * (H_REP / NO_H);
PCTO_M_AP ← 100 * (M_AP / NO_M);
PCTO_M_REP ← 100 * (M_REP / NO_M);
    {Escreva percentuais.}
escreva "% de Homens Aprovados: ", PCTO_H_AP;
escreva "% de Homens Reprovados: ", PCTO_H_REP;
escreva "% de Mulheres Aprovadas: ", PCTO_M_AP;
escreva "% de Mulheres Reprovados: ", PCTO_M_REP;
fimalgoritmo.
```

4.9   Lê3Conjuntos-testa-imprimeResultadosVariação2:   Considerando o enunciado da questão 7, fazer um algoritmo para imprimir os seguintes resultados:

- Relação de Alunos Reprovados:
> **XXXX**
> **XXXX**
>
> **...**
> **XXXX**

Obs.: os valores de XXXX representam a matrícula dos alunos.

Resposta:

Algoritmo.
    declare MAT(100), NOTA(100), I numérico;
    leia (MAT(I), I = 1, 100);
    leia (NOTA(I), I = 1, 100);
    escreva "Relação de Alunos Reprovados";
    para I = 1, 100
        se NOTA (I) < 50 então
            escreva MAT(I)
        fimse;
    fimpara;
    escreva "*****Fim de Relatório ******";
fimalgoritmo.

4.10 Lê3Conjuntos-testa-imprimeResultadosVariação3: Considerando o enunciado da questão 7, fazer um algoritmo para imprimir os seguintes resultados:

    - Relação de Homens Reprovados:
        XXXX
        XXXX
        ...
        XXXX
        Número de Alunos Relacionados Acima: XXX
    - Relação de Mulheres Reprovadas:
        XXXX
        XXXX
        ...
        XXXX
        Número de Alunas Relacionadas Acima: XXX
    Obs.: os valores de XXXX representam a matrícula dos alunos.

Resposta:

Algoritmo.
    declare MAT(100), NOTA(100), SEXO(100), I, NO_AL numérico;
    leia (MAT(I), I = 1, 100);
    leia (NOTA(I), I = 1, 100);
    leia (SEXO(I), I = 1, 100);
    escreva "Relação de Homens Reprovados";
    NO_AL ← 0;
    para I = 1, 100
        se SEXO(I) = "M" e NOTA (I) < 50 então
            escreva MAT(I);

```
            NO_AL ← NO_AL + 1
    fimse;
  fimpara;
  escreva "Número de Alunos Relacionados Acima: ", NO_AL;
  escreva " ";
  escreva "Relação de Mulheres Reprovadas";
  NO_AL ← 0;
  para I = 1, 100
      se SEXO(I) = "F" e NOTA (I) < 50 então
            escreva MAT(I)
            NO_AL ← NO_AL + 1
    fimse;
  fimpara;
  escreva "Número de Alunas Relacionadas Acima: ", NO_AL;
fimalgoritmo.
```

4.11 Lê1000Valores-imprimeSomaOrdemParÍmpar: Fazer um algoritmo para ler um conjunto M com 1000 valores e imprimir a soma dos elementos de ordem par e a soma dos elementos de ordem ímpar.

Obs.: para obter a soma dos elementos de ordem par, somar:

$$M(2)+M(4)+...+M(998)+M(1000)$$
Para obter a soma dos elementos de ordem ímpar, somar:
$$M(1)+M(3)+...+M(997)+M(999).$$

Resposta:
```
  Algoritmo.
    declare M(1000), SOMAPAR, SOMAIMP, I numérico;
    leia (M(I), I = 1, 1000);
    SOMAPAR ← 0;
    para I = 2, 1000 passo 2
        SOMAPAR ← SOMAPAR + M(I);
    fimpara;
    SOMAIMP ← 0;
    para I = 1, 999 passo 2
        SOMAIMP ← SOMAIMP + M(I);
    fimpara;
    escreva "Soma dos Elementos de Ordem Par = ", SOMAPAR;
    escreva "Soma dos Elementos de Ordem Ímpar = ", SOMAIMP;
  fimalgoritmo.
```

4.12 Lê2Conjuntos-soma-imprime: Fazer um algoritmo para ler dois conjuntos A e B com 1000 valores cada um, e criar um conjunto C com a soma dos valores de A e B.

> **Obs.: C(I) ← A(I) + B(I).**

Resposta:
> Algoritmo.
>> declare A(1000), B(1000), C(1000), I numérico;
>> leia (A(I), I = 1, 1000);
>> leia (B(I), I = 1, 1000);
>> para I = 1, 1000
>>> C(I) ← A(I) + B(I);
>> fimpara;
>> escreva (C(I), I = 1, 1000);
> fimalgoritmo.

4.13 Lê2Conjuntos-intercalaPorOrdem-imprime: Fazer um algoritmo para ler dois conjuntos A e B com 2000 valores em cada um e produzir um conjunto C com 4000 valores, de modo que A(1) e B(1) sejam colocados em C nas posições 1 e 2, A(2) e B(2) sejam colocados em C nas posições 3 e 4, ..., A(2000) e B(2000) sejam colocados em C nas posições 3999 e 4000.

Resposta:
> Algoritmo.
>> declare A(2000), B(2000), C(4000), I numérico;
>> leia (A(I), I = 1, 2000);
>> leia (B(I), I = 1, 2000);
>> para I = 1, 2000
>>> C((I - 1) * 2 + 1) ← A(I);
>>> C((I - 1) * 2 + 2) ← B(I);
>> fimpara;
>> escreva (C(I), I = 1, 4000);
> fimalgoritmo.

4.14 Lê2Conjuntos-intercala-imprime: Escrever um algoritmo para ler dois conjuntos A e B com 1000 valores cada (considerar que os valores dos dois conjuntos se encontram ordenados crescentemente), e criar um conjunto C resultante da intercalação dos dois conjuntos, de modo que o conjunto resultante fique ordenado crescentemente.

Comentário: recomendamos fortemente que o leitor faça um teste de mesa do algoritmo. Considere, por exemplo, dois conjuntos de entrada com os seguintes valores:

A – 10 13 21 29 38
B – 1   5   7 12 15

O algoritmo deve produzir como saída o conjunto:

C - 1 5 7 10 12 13 15 21 29 38.

Resposta:

```
Algoritmo.
    declare A(1000), B(1000), C(2000), L, K, I, J numérico;
    leia (A(I), I = 1, 1000);
    leia (B(I), I = 1, 1000);
    K ← 1;
    I ← 1;
    J ← 1;
    enquanto I <= 1000 e J <= 1000, faça:
        se A(I) > B(J) então
            C(K) ← B(J);
            J ← J + 1
        senão
            C(K) ← A(I);
            I ← I + 1
        fimse;
        K ← K + 1;
    fim-enquanto;
    se I > 1000 então
            para L = J, 1000
                    C(K) ← B(L);
                    K ← K + 1
            fimpara
    senão
        se J > 1000 então
            para L= I, 1000
```

```
                    C(K) ← A(L);
                    K ← K + 1
            fimpara
        fimse;
    fimse;
    escreva "Conjunto Ordenado = ", (C(I), I = 1, 4000);
fimalgoritmo.
```

4.15 LêDados200Alunos-calculaMediaTesta-imprime1: Escrever um algoritmo para ler os dados de 200 alunos de um colégio e determinar o que se pede adiante; os dados encontram-se dispostos da seguinte forma: NOME(I), NOTA1(I), NOTA2(I), NOTA3(I), sendo que I varia de 1 a 200. As notas variam de 0 a 10. Determinar e imprimir a média das notas de cada aluno. No final, informar quantos alunos obtiveram nota igual a zero na NOTA1, na NOTA2 e na NOTA3. Informar também quantos obtiveram nota igual a 10 na NOTA1, na NOTA2 e na NOTA3.

Resposta:
```
Algoritmo.
    declare NOME(200) literal;
    declare NOTA1(200), NOTA2(200), NOTA3(200), I,
            MEDIA, NOZERO1, NOZERO2, NOZERO3,
            NO101, NO102, NO103 numérico;
    NOZERO1 ← 0;
    NOZERO2 ← 0;
    NOZERO3 ← 0;
    NO101 ← 0;
    NO102 ← 0;
    NO103 ← 0;
    leia (NOME(I), I = 1, 200);
    leia (NOTA1(I), I = 1, 200);
    leia (NOTA2(I), I = 1, 200);
    leia (NOTA3(I), I = 1, 200);
    para I = 1, 200
        MEDIA ← (NOTA1(I) + NOTA2(I) + NOTA3(I))/3
        se NOTA1(I) = 0 então
            NOZERO1 ← NOZERO1 + 1
        senão
            se NOTA1(I) = 10 então
                NO101 ← NO101 + 1
            fimse
```

89

```
        fimse;
        se NOTA2(I) = 0 então
                NOZERO2 ← NOZERO2 + 1
        senão
            se NOTA2(I) = 10 então
                    NO102 ← NO102 + 1
            fimse;
        fimse;
        se NOTA3(I) = 0  então
                NOZERO3 ← NOZERO3 + 1
        senão
            se NOTA3(I) = 10 então
                    NO103 ← NO103 + 1
            fimse;
        fimse;
        escreva NOME(I), MEDIA;
    fimpara;
    escreva "Número de Alunos com 0 na NOTA 1 =", NOZERO1;
    escreva "Número de Alunos com 0 na NOTA 2 =", NOZERO2;
    escreva "Número de Alunos com 0 na NOTA 3 =", NOZERO3;
    escreva "Número de Alunos com 10 na NOTA 1 =", NO101;
    escreva "Número de Alunos com 10 na NOTA 2 =", NO102;
    escreva "Número de Alunos com 10 na NOTA 3 =", NO103.
fimalgoritmo.
```

4.16 LêDados200Alunos-calculaMediaTesta-imprime2: Considerar o enunciado da questão anterior e escrever um algoritmo para calcular e imprimir a média da NOTA1 dos 200 alunos; o mesmo para a NOTA2 e para a NOTA3.

Resposta:

```
    Algoritmo.
        declare NOME(200) literal;
        declare NOTA1(200), NOTA2(200), NOTA3(200),  I,
                SOMA_N1, SOMA_N2, SOMA_N3,
                MED_N1, MED_N2, MED_N3 numérico;
        leia (NOME(I), I = 1, 200);
        leia (NOTA1(I), I = 1, 200);
        leia (NOTA2(I), I = 1, 200);
        leia (NOTA3(I), I = 1, 200);
        SOMA_N1 ← 0;
        SOMA_N2 ← 0;
        SOMA_N3 ← 0;
```

```
para I = 1, 200
        SOMA_N1 ← SOMA_N1 + NOTA1(I);
        SOMA_N2 ← SOMA_N2 + NOTA2(I);
        SOMA_N3 ← SOMA_N3 + NOTA3(I);
fimpara;
MED_N1 ← SOMA_N1 / 200;
MED_N2 ← SOMA_N2 / 200;
MED_N3 ← SOMA_N3 / 200;
escreva "Média da NOTA1 = ", MED_N1;
escreva "Média da NOTA2 = ", MED_N2;
escreva "Média da NOTA3 = ", MED_N3;
fimalgoritmo.
```

4.17 LêDados200Alunos-calculaMediaDasMédias-imprime: Considerar o enunciado da questão 4.15 e escrever um algoritmo para calcular e imprimir a média das médias dos 200 alunos.

Resposta:

```
Algoritmo.
        declare NOME(200) literal;
        declare NOTA1(200), NOTA2(200), NOTA3(200), I,
                MED, SOMA_MED, MED_MED numérico;
        leia (NOME(I), I = 1, 200);
        leia (NOTA1(I), I = 1, 200);
        leia (NOTA2(I), I = 1, 200);
        leia (NOTA3(I), I = 1, 200);
        SOMA_MED ← 0;
        para I = 1, 200
                MED ← ( NOTA1(I) + NOTA2(I) + NOTA3(I)) /3;
                SOMA_MED ← SOMA_MED + MED;
        fimpara;
        MED_MED ← SOMA_MED / 200;
        escreva "Média das Médias dos Alunos = ", MED_MED;
fimalgoritmo.
```

Curso de Construção de Algoritmos (com Java) – A. B. Furtado e V. V. de Araújo

4.18 LêDados200Alunos-contaAprovados-imprime: Considerar o enunciado da questão 4.15 e sabendo que a média de aprovação é superior ou igual a 5, escrever um algoritmo para determinar quantos alunos obtiveram aprovação no semestre.

Resposta:

Algoritmo.
    declare NOME(200) literal;
    declare NOTA1(200), NOTA2(200), NOTA3(200), I,
        MEDIA, NO_APROV numérico;
    leia (NOME(I), I = 1, 200);
    leia (NOTA1(I), I = 1, 200);
    leia (NOTA2(I), I = 1, 200);
    leia (NOTA3(I), I = 1, 200);
    NO_APROV ← 0;
    para I = 1, 200
        MEDIA ← (NOTA1(I) + NOTA2(I) + NOTA3(I))/3
        se MEDIA >= 5 então
           NO_APROV ← NO_APROV + 1
        fimse;
    fimpara;
    escreva "Número de Alunos Aprovados =", NO_APROV;
fimalgoritmo.

4.19 Lê2Conjuntos-testa-imprime: Escrever um algoritmo para ler um conjunto MAT de 100 elementos contendo os números de matrícula de cada aluno de um colégio e outro conjunto (ESTADO CIVIL) de mesmo tamanho contendo o código do estado civil de cada aluno. Calcular e imprimir os seguintes resultados:

- Número de Alunos Solteiros: XXX
- Número de Alunos Casados: XXX
- Número de Alunos Viúvos: XXX
- Número de Alunos Divorciados: XXX
- Número de Alunos Amasiados: XXX.

A tabela de estados civis obedece ao seguinte:

0 – Solteiro
1 – Casado

2 – Viúvo
3 – Divorciado
4 - Amasiado

Resposta:
Algoritmo.
    declare MAT(100), EST_CIV(100),
             SOLT, CAS, VIUVO, DIVOR, AMAS numérico;
    leia (MAT(I), I = 1, 100);
    leia (EST_CIV(I), I = 1, 100);
    SOLT ← 0;
    CAS ← 0;
    VIUVO ← 0;
    DIVOR ← 0;
    AMAS ← 0;
    para I = 1, 100
        se EST_CIV(I) = 0 então
            SOLT ← SOLT + 1
        senão
            se EST_CIV(I) = 1 então
                CAS ← CAS + 1
            senão
                se EST_CIV(I) = 2 então
                    VIUVO ← VIUVO + 1
                senão
                  se EST_CIV(I) = 3 então
                    DIVOR ← DIVOR + 1
                  senão
                    AMAS ← AMAS + 1
                  fimse
                fimse;
            fimse
        fimse;
    fimpara;
    escreva "Número de Alunos Solteiros =", SOLT;
    escreva "Número de Alunos Casados =", CAS;
    escreva "Número de Alunos Viúvos =", VIUVO;
    escreva "Número de Alunos Divorciados =", DIVOR;
    escreva "Número de Alunos Amasiados =", AMAS;
fimalgoritmo.

4.20 Lê2Conjuntos-imprimeCasados: Considerando o enunciado da questão anterior, escrever um algoritmo para produzir uma listagem somente com os alunos casados.

Resposta:

> Algoritmo.
>> declare MAT(100), EST_CIV(100), I numérico;
>> leia (MAT(I), I = 1, 100);
>> leia (EST_CIV(I), I = 1, 100);
>> escreva "Relação de Alunos Casados."
>> para I = 1, 100
>>> se EST_CIV(I) = 1 então
>>>> escreva MAT(I)
>>> fimse;
>> fimpara;
>> escreva "********Fim de Relatório**********";
> fimalgoritmo.

4.21 Lê1000Valores-imprimeMenorMaiorFreq: Escrever um algoritmo para ler 1000 valores e determinar (e imprimir) o maior entre eles, o menor entre eles e a frequência de aparecimento de cada.

Resposta:

> Algoritmo.
>> declare A(1000), I, MAIOR, MENOR, FRMAIOR, FRMENOR numérico;
>> leia (A(I), I = 1, 1000);
>> MAIOR ← A(1);
>> MENOR ← A(1);
>> FRMAIOR ← 1;
>> FRMENOR ← 1;
>> para I = 2, 1000
>>> se A(I) > MAIOR então
>>>> MAIOR ← A(I);
>>>> FRMAIOR ← 1
>>> senão
>>>> se A(I) = MAIOR então
>>>>> FRMAIOR ← FRMAIOR + 1
>>>> fimse;
>>> fimse;
>>> se A(I) < MENOR então
>>>> MENOR ← A(I);
>>>> FRMENOR ← 1

```
            senão
                se A(I) = MENOR então
                    FRMENOR ← FRMENOR + 1
                fimse;
            fimse;
        fimpara;
        escreva "O maior entre os valores lidos é = ", MAIOR;
        escreva "Frequência de aparecimento do maior valor = ", FRMAIOR;
        escreva "O menor entre os valores lidos é = ", MENOR;
        escreva "Frequência de aparecimento do menor valor = ", FRMENOR;
    fimalgoritmo.
```

4.22 Lê1000Valores-imprimePorFaixa: Escrever um algoritmo para ler 1000 valores e determinar (e imprimir) o número de valores de cada faixa da tabela abaixo:

Faixa	Número de ocorrências
X < 100	XXXX
100 ≤ X < 200	XXXX
200 ≤ X < 500	XXXX
X ≥ 500	XXXX

Resposta:

```
    Algoritmo.
        declare A(1000), I, FAIXA1, FAIXA2, FAIXA3, FAIXA4 numérico;
        leia (A(I), I = 1, 1000);
        FAIXA1 ← 0;
        FAIXA2 ← 0;
        FAIXA3 ← 0;
        FAIXA4 ← 0;
        para I = 1, 1000
            se A(I) < 100 então
                FAIXA1← FAIXA1 + 1
            senão
                se A(I) < 200 então
                    FAIXA2 ← FAIXA2 + 1
                senão
                    se A(I) < 500 então
                        FAIXA3 ← FAIXA3 + 1
                    senão
                        FAIXA4 ← FAIXA4 + 1
                    fimse;
                fimse;
```

95

```
        fimse;
      fimpara;
 .    escreva "Faixa                          No. de ocorrências";
 .    escreva "X < 100                        ", FAIXA1;
 .    escreva "100≤X < 200                    ", FAIXA2;
 .    escreva "200≤X < 500                    ", FAIXA3;
 .    escreva "X ≥ 500                        ", FAIXA4;
      fimalgoritmo.
```

4.23 Lê5Valores-ordena-imprime: Escrever um algoritmo para ler 5 valores, imprimi-los, ordená-los e imprimi-los ordenados.

Resposta:

```
1     Algoritmo.
2         declare A(5), TEMP, I numérico;
3         declare TROCA lógico;
4         leia (A(I), I = 1, 5);
5         escreva "Valores desordenados = ",  (A(I), I = 1, 5);
6             {Colocando em ordem crescente }
7         TROCA ← verdadeiro;
8         enquanto TROCA
9             TROCA ← falso
10            para I = 1, 4
11                se A(I) > A(I+1) então
12                    TEMP ← A(I)
13                    A (I) ← A(I+1)
14                    A(I+1) ← TEMP
15                    TROCA ← verdadeiro
16                fimse;
17            fimpara;
18        fim-enquanto;
19            {Escreva valores ordenados.}
20        escreva "Valores ordenados = ", (A(I), I = 1,5);
21    imalgoritmo.
```

Comentários: Este algoritmo de classificação é chamado de *"bubble-sort"* (método de classificação da bolha). O nome advém do fato de que os valores de um conjunto de entrada desordenado são comparados, dois a dois; se se deseja ordenação crescente dos valores, ao testar dois valores consecutivos, se o primeiro for maior que o segundo, haverá troca de posição dos valores, para deixá-los ordenado; caso o primeiro seja menor ou igual ao segundo, nada acontece, passando-se a testar os dois próximos valores consecutivos. Assim, sucessivamente, os valores consecutivos do conjunto de entrada são testados até o fim. É óbvio que, em uma passada de testes dos valores consecutivos, não é suficiente para garantir a ordenação dos valores. Isto vai ocorrer depois de várias passadas, dependendo de como se encontravam os valores de entrada. Por isso, este algoritmo utiliza uma variável booleana para sinalizar quando há uma troca numa passada de testes dos valores consecutivos: neste caso, basta que haja uma troca para que todos os testes sejam feitos novamente. O algoritmo encerra, com os valores ordenados, quando numa passada completa não houver nenhuma troca de valores. Olhando as trocas havidas no fim de cada passada, até a finalização do algoritmo, com os valores ordenados, percebe-se que os valores vão buscando sua posição correta no conjunto final ordenado, à maneira de uma bolha que vai caindo até chegar ao chão.

Para efeito de ilustração, consideremos o conjunto de valores de entrada abaixo:

10	3	15	9	1

Queremos ordená-los crescentemente. O primeiro passo é testar o primeiro com o segundo elemento. Como o primeiro elemento (10) é maior que o segundo (3), ocorre uma troca de posição dos valores: o primeiro passa a ser 3 e o segundo passa a ser 10. Em seguida, haverá o teste do segundo com o terceiro elemento. Note que o segundo elemento já é 10, pois houve troca no passo anterior. Assim, haverá o teste se 10 (segundo) é maior que 15 (terceiro): não é. Permanece inalterada a sequência de valores. Em seguida, será testado se o terceiro (15) é maior que o quarto (9): como é maior, haverá troca de posição dos valores: o terceiro será 9 e o quarto será 15. E agora será testado se o quarto (15) é maior que o quinto (1): como é verdade, haverá troca dos valores: o quarto será 1 e o quinto será 15. Portanto, depois da primeira passada, teremos:

3	10	9	1	15

Aplicando a mesma sistemática, depois da segunda passada, teremos:

3	9	1	10	15

Depois da terceira passada, teremos:

3	1	9	10	15

Depois da quarta passada, teremos:

1	3	9	10	15

Curso de Construção de Algoritmos (com Java) – A. B. Furtado e V. V. de Araújo

Quando a sequência acima for obtida, ainda haverá uma nova rodada de testes para assegurar que nenhuma troca ocorra. Aí então o algoritmo encerra: o conjunto encontra-se ordenado crescentemente.
A troca entre os valores se dá nos passos 12 a 14. Isto ocorre se o teste

se A(I) > A(I+1) então

determinar que a troca se dê. Neste caso, estamos testando o i-ésimo elemento de A com o seu consecutivo (i-ésimo + 1). Se I valer 1, estamos testando A(1) com A(2); se I valer 4 estamos testando A(4) com A(5). Como o conjunto A neste exemplo tem 5 elementos, temos que fixar o laço até 4; ou seja, a variável I vai de 1 a 4 (ver o comando da linha 10):

10 para I = 1, 4

Assim, o último teste será entre o A(4) com o A(5). Se tivéssemos escrito
10   para I = 1, 5
provocaríamos um erro: o teste de A(5) com A(6). Este sexto elemento inexiste.
Como afirmado, a troca entre os valores é feita por meio dos comandos abaixo:

12   TEMP ← A(I)
13   A (I) ← A(I+1)
14   A(I+1) ← TEMP

Aqui, utilizamos uma variável de uso temporário (TEMP) para guardar o valor original de A(I): isto é feito no comando da linha 12; no comando da linha 13, o valor de A(I) recebe o valor de A(I+1): note que esta operação destrói o valor original de A(I), ficando armazenado nela agora A(I+1). Por isso, no comando anterior salvamos este valor original de A(I) em TEMP. No comando da linha 14, jogamos o valor de TEMP (valor original de A(I) em A(I+1). Portanto, estes três passos encarregam-se de trocar os valores originalmente armazenados em A(I) e A(I+1). Se A(I) continha o valor 10 e A(I+1) continha o valor 5, depois que os passos são executados teremos em A(I) o valor 5 e em A(I+1) o valor 10.
Por fim, um comentário sobre o comando da linha 8:

8   enquanto TROCA

98

Note que TROCA é uma variável booleana: assume valores "verdadeiro" ou "falso". Se TROCA contiver o valor <u>verdadeiro</u>, o laço prossegue; se TROCA contiver o valor <u>falso</u>, o laço **enquanto** é encerrado.

No comando de repetição **enquanto,** o laço é executado enquanto a condição for verdadeira. Fazer o teste do conteúdo da variável TROCA corresponde a escrever:

9   <u>enquanto</u> TROCA = **<u>verdadeiro</u>**

4.24 Lê1000Valores-ordena-imprime: Escrever um algoritmo para ler e imprimir 1000 valores e ordená-los (e imprimi-los ordenados). Note que este exercício difere do anterior pelo número de elementos do conjunto a ser classificado. Veja as alterações necessárias.

Resposta:
```
    Algoritmo.
        declare A(1000), TEMP, I numérico;
        declare TROCA lógico;
        leia (A(I), I = 1, 1000);
        escreva "Valores desordenados = ",  (A(I), I = 1, 1000);
                {Colocando em ordem crescente }
        TROCA ← verdadeiro;
        enquanto TROCA
            TROCA ← falso
            para I = 1, 999
                se A(I) > A(I+1) então
                    TEMP ← A(I)
                    A (I) ← A(I+1)
                    A(I+1) ← TEMP
                    TROCA ← verdadeiro
            fimse;
            fimpara
        fim-enquanto;
            {Escreva valores ordenados.}
        escreva "Valores ordenados = ", (A(I), I  = 1,1000);
    fimalgoritmo.
```

4.25 Lê1000Valores-calculaMedidasEstatísticas-imprime: Escrever um algoritmo para, dado um conjunto de 1000 valores de entrada (ordenados crescentemente), calcular e imprimir as seguintes medidas estatísticas: a) Média aritmética; b) Moda; c) Mediana; d) Desvio Padrão.

Lembrando a definição das medidas estatísticas:

Média Aritmética: MA = [($\sum a_i$)/n, com i = 1, n]

Moda: o valor mais frequente no conjunto de dados. A moda não é necessária-mente única, contrário do que ocorre com a média e a mediana.

Mediana: medida de tendência central; é o elemento do meio do conjunto. Este m-ésimo elemento é indicado por: Mediana = (n + 1) / 2.

Obs.: Se o conjunto possuir um número par de elementos, a mediana será a média aritmética dos dois elementos centrais.

Desvio Padrão: ∂ = SQRT([($\sum(X_i - MA)^2 a_i$)/n, com i = 1, n]).

Algoritmo:

```
Algoritmo.
    declare A(1000), SOMAVAL,
            MEDIAARIT,       {média aritmética}
            MODA, MEDIANA,
            DP,              {desvio padrão}
            VALOR(1000),     {guarda valores diferentes do conjunto A      }
            FREQ(1000),      {guarda a frequência dos valores armazenados}
                             {em VALOR                                    }
            TAM,             {número de elementos do array VALOR       }
            I, K, J, MAIOR, ORDEM numérico;
    declare ACHOU lógico;
    leia (A(I), I = 1, 1000);
                        {Cálculo da média aritmética}
    SOMAVAL ← 0;
    para I = 1, 1000
        SOMAVAL ← SOMAVAL + A(I)
    fimpara
    MEDIAARIT ← SOMAVAL / 1000;
                        {Cálculo da moda}
    J ← 0;
    VALOR(1) ← A(1);         {guarda o primeiro valor em VALOR}
    FREQ(1) ← 1              {frequência do primeiro valor       }
```

```
        TAM ← 1                     {tamanho do primeiro valor        }
        para I = 2, 1000
            J ← J + 1;
            se A(I) = VALOR(J) então
                FREQ(J) ← FREQ(J) + 1;
                J ← 0
            senão
                ACHOU ← falso;
                para K = 1, TAM
                    se A(I) = VALOR(K) então
                        FREQ(K) ← FREQ(K) + 1;
                        ACHOU ← verdadeiro;
                        J ← 0
                    fimse
                fimpara
            senão ACHOU então
                    TAM ← TAM + 1
                    VALOR(TAM) ← A(I)
                    FREQ(TAM) ← 1
                    J ← 0
            fimse
        fimse
    fimpara
{ FREQ(I), I = 1, TAM)  - frequência respectiva }
{VALOR(I), I = 1, TAM) – valores diferentes armazenados }
{Vamos determinar o maior entre os valores do array FREQ }
{O valor respectivo em VALOR é a MODA.                   }
        MAIOR ← FREQ(1);
        ORDEM ← 1;
        para I = 2, TAM
            se FREQ(I) > MAIOR então
                    MAIOR ← FREQ(I);
                    ORDEM ← I
        fimse;
    fimpara;
    MODA ← VALOR(ORDEM);
{Cálculo da mediana. }
        I ← 1000 / 2
        MEDIANA ← (A(I) + A(I+1)) / 2
{Cálculo do desvio padrão. }
        SOMA ← 0;
        para I = 1, 1000
            SOMA ← SOMA + ((A(I) – MEDIAARIT) ** 2)/ 1000
        fimpara;
        DP ← SQRT(SOMA)
```

101

{Imprimir os resultados}
    escreva "Média aritmética: ", MEDIAARIT;
    escreva "Moda: ", MODA;
    escreva "Mediana: ", MEDIANA;
    escreva "Desvio padrão: ", DP
  fimalgoritmo.

Boa prática de programação

Uma boa prática de programação (é necessário mencionar) consiste em estruturar o pseudocódigo ou o código em linguagem de programação, de modo que fique facilitada a introdução de alterações futuras. Uma das possibilidades para a necessidade de alteração, por exemplo, é a inevitável atualização de valores de tabelas. Se isto acontecer, o ideal é que não haja necessidade de alterar o código. Se isto for inescapável, é desejável que a alteração seja mínima.

Para ilustrar o que afirmamos: no algoritmo 4.25, em vez de usar a constante 1.000 para o número de elementos do conjunto ao longo de todo o algoritmo, poderíamos ter utilizado uma variável (NO_ELEM, por exemplo) no seu lugar; este número poderia ser lido ou então a variável ser inicializada no início do algoritmo.

Desta forma, havendo necessidade de mudar o número de elementos do conjunto, precisaríamos mudar somente o comando **declare** e a inicialização da variável NO_ELEM (se tivéssemos adotado esta solução em vez de ler o número de elementos). Não seria preciso percorrer todo o algoritmo em busca de comandos em que a constante aparecesse para fazer a mudança: no lugar dela estaria a variavel NO_ELEM.

Vários algoritmos apresentados neste livro poderiam ser revistos quanto a este ponto.

O próximo capítulo apresenta algoritmos que utilizam variáveis compostas bidimensionais (matrizes).

CAPÍTULO 5: CONSTRUÇÃO DE ALGORITMOS: USO DE VARIÁVEIS COMPOSTAS BIDIMENSIONAIS (MATRIZES)

No capítulo anterior tratamos dos *arrays* unidimensionais. Agora vamos tratar dos *arrays* bidimensionais: neste caso, precisamos de dois índices: um para a linha e outro para a coluna do elemento que se quer identificar.

Para trabalhar com um conjunto bidimensional A com 10 linhas e 20 colunas, escrevemos o seguinte comando **declare** no início do algoritmo:

> declare A(10, 20) numérico;
> Para ler este conjunto, escrevemos:
> leia ((A(I, J), J = 1, 20), I = 1, 10);

Neste caso, serão lidos os 20 elementos da primeira linha, depois os 20 elementos da segunda linha, até a décima linha. Note que a variável I é inicializada com 1, e a variável J vai de 1 a 20, como laço mais interno. O laço mais externo varia mais lentamente. Por isso, são lidos os elementos da primeira linha (A(1,1), A(1,2), A(1,3),..., A(1,20)), depois a variável I passa a 2 e aí temos a leitura da segunda linha (A(2,1), A(2,2), A(2,3), ..., A(2, 20), etc.

5.1 LêMatrizes-montaSoma-imprime: Fazer um algoritmo para ler duas matrizes A e B com dimensões 5x4 e construir uma matriz C que contenha a soma dos elementos correspondentes de A e B. No final, imprimir as três matrizes.

Resposta:

> Algoritmo.
>   declare A(5, 4), B(5, 4), C(5, 4), I, J numérico;
>   {Ler as matrizes A e B.}
>   leia ((A(I, J), J = 1, 4), I = 1, 5);
>   leia ((B(I, J), J = 1, 4), I = 1, 5);
>   para I = 1, 5
>   para J = 1, 4
>   C(I, J) ← A(I, J) + B(I, J);
>   fimpara;
>   fimpara;
>   {Imprimir as três matrizes.}
>   escreva "Matriz A = ";
>   escreva ((A(I, J), J = 1, 4), I = 1, 5);
>   escreva "Matriz B = ";
>   escreva ((B(I, J), J = 1, 4), I = 1, 5);

```
        escreva "Matriz C = ";
        escreva ((C(I, J), J = 1, 4), I = 1, 5);
fimalgoritmo.
```

5.2 LêMatriz-montaArray-imprime1: Escrever um algoritmo para ler uma matriz A 5x4 e colocar os elementos da matriz, linha a linha, em um *array* unidimensional B. No final, imprimir a matriz A e o *array*.

Resposta:

```
    Algoritmo.
        declare A(5, 4), B(20), I, J numérico;
        leia ((A(I, J), J = 1, 4), I = 1, 5);
        para I = 1, 5
            para J = 1, 4
                    B ((I – 1) * 4 + J) ← A(I, J);
            fimpara;
        fimpara;
        escreva "Matriz = ";
        escreva ((A(I, J), J = 1, 4), I = 1, 5);
        escreva "Vetor = ", (B(I), I = 1, 20);
    fimalgoritmo.
```

5.3 LêMatriz-montaArray-imprime2: Escrever um algoritmo para ler uma matriz 10x5 e armazená-la, linha a linha, em um *array* unidimensional, e depois imprimir o *array* formado.

Resposta:

```
    Algoritmo.
        declare MAT(10, 5), VETOR(50), I, J numérico;
        leia ((MAT(I, J), J = 1, 5), I = 1, 10);
        para I = 1, 10
            para J = 1, 5
                    VETOR ((I – 1) * 5 + J) ← MAT(I, J);
            fimpara;
        fimpara;
        escreva "Vetor = ", (VETOR(I), I = 1, 50);
    fimalgoritmo.
```

Curso de Construção de Algoritmos (com Java) – A. B. Furtado e V. V. de Araújo

Teste de mesa: Considere a seguinte matriz de entrada como exemplo:

5	3	2	4	1
2	1	3	2	2
1	1	5	3	2
9	5	2	1	3
2	1	0	0	0
0	0	0	0	0
0	0	0	1	1
0	0	2	3	4
0	0	1	9	4
0	2	8	3	1

(10x5)

A lista abaixo acompanha as variáveis controladoras dos dois laços "Para", um (externo) para fazer a variação das linhas (variável I, de 1 a 10), outro (interno) para fazer a variação das colunas (variável J, de 1 a 5). O laço mais interno varia mais rapidamente; o laço mais externo varia mais lentamente. Portanto, para cada valor atribuído à variável I, o laço mais interno é executado completamente: vai de 1 a 5.

```
Para I ← 1:
    Para J ← 1, tem-se VETOR((1-1)*5+1) ← MAT(1, 1)
                      VETOR(1) ← 5
    Para J ← 2, tem-se VETOR((1-1)*5+2) ← MAT(1, 2)
                      VETOR(2) ← 3
    Para J ← 3, tem-se VETOR((1-1)*5+3) ← MAT(1, 3)
                      VETOR(3) ← 2
    Para J ← 4, tem-se VETOR((1-1)*5+4) ← MAT(1, 4)
                      VETOR(4) ← 4
    Para J ← 5, tem-se VETOR((1-1)*5+5) ← MAT(1, 5)
                      VETOR(5) ← 1
Para I ← 2:
    Para J ← 1, tem-se VETOR((2-1)*5+1) ← MAT(2, 1)
                      VETOR(6) ← 2
    Para J ← 2, tem-se VETOR((2-1)*5+2) ← MAT(2, 2)
                      VETOR(7) ← 1
    Para J ← 3, tem-se VETOR((2-1)*5+3) ← MAT(2, 3)
                      VETOR(8) ← 3
    Para J ← 4, tem-se VETOR((2-1)*5+4) ← MAT(2, 4)
                      VETOR(9) ← 2
    Para J ← 5, tem-se VETOR((2-1)*5+5) ← MAT(2, 5)
                      VETOR(10) ← 2
```

105

... ...
Para I ← 10:
    Para J ← 1, tem-se VETOR((10-1)*5+1) ← MAT(10, 1)
                VETOR(46) ← 0
    Para J ← 2, tem-se VETOR((10-1)*5+2) ← MAT(10, 2)
                VETOR(47) ← 2
    Para J ← 3, tem-se VETOR((10-1)*5+3) ← MAT(10, 3)
                VETOR(48) ← 8
    Para J ← 4, tem-se VETOR((10-1)*5+4) ← MAT(10, 4)
                VETOR(49) ← 3
    Para J ← 5, tem-se VETOR((10-1)*5+5) ← MAT(10, 5)
                VETOR(50) ← 1.

Como se pode ver, o algoritmo funciona corretamente, já que o objetivo foi alcançado: os valores da matriz foram armazenados no *array*, linha a linha.

5.4 LêMatriz-montaPorColuna-imprime: Escrever um algoritmo para ler uma matriz 10x5 e armazená-la, coluna a coluna, em um *array* unidimensional, e depois imprimir o *array* formado.

Resposta:
    Algoritmo.
        declare MAT(10, 5), VETOR(50), I, J numérico;
        leia ((MAT(I, J), J = 1, 5), I = 1, 10);
        para J = 1, 5
            para I = 1, 10
                VETOR ((J – 1) * 10 + I) ← MAT(I, J);
            fimpara;
        fimpara;
        escreva "Vetor = ", (VETOR(I), I = 1, 50);
    fimalgoritmo.

Teste de mesa: Considerando a mesma matriz de entrada da questão anterior como exemplo:

5	3	2	4	1
2	1	3	2	2
1	1	5	3	2
9	5	2	1	3
2	1	0	0	0
0	0	0	0	0
0	0	0	1	1
0	0	2	3	4
0	0	1	9	4
0	2	8	3	1

                            (10x5)

A lista abaixo acompanha as variáveis controladoras dos dois laços "Para", um (externo) para fazer a variação das colunas (variável J, de 1 a 5), outro (interno) para fazer a variação das linhas (variável I, de 1 a 10). O laço mais interno varia mais rapidamente; o laço mais externo varia mais lentamente. Portanto, para cada valor atribuído à variável J, o laço mais interno é executado completamente: vai de 1 a 10.

Para J ← 1:
    Para I ← 1, tem-se VETOR((1-1)*10+1) ← MAT(1, 1)
                    VETOR(1) ← 5
    Para I ← 2, tem-se VETOR((1-1)*10+2) ← MAT(2, 1)
                    VETOR(2) ← 2
    Para I ← 3, tem-se VETOR((1-1)*10+3) ← MAT(3, 1)
                    VETOR(3) ← 1
    Para I ← 4, tem-se VETOR((1-1)*10+4) ← MAT(4, 1)
                    VETOR(4) ← 9
    Para I ← 5, tem-se VETOR((1-1)*10+5) ← MAT(5, 1)
                    VETOR(5) ← 2
    Para I ← 6, tem-se VETOR((1-1)*10+6) ← MAT(6, 1)
                    VETOR(6) ← 0
    Para I ← 7, tem-se VETOR((1-1)*10+7) ← MAT(7, 1)
                    VETOR(7) ← 0
    Para I ← 8, tem-se VETOR((1-1)*10+8) ← MAT(8, 1)
                    VETOR(8) ← 0
    Para I ← 9, tem-se VETOR((1-1)*10+9) ← MAT(9, 1)
                    VETOR(9) ← 0
    Para I ← 10, tem-se VETOR((1-1)*10+10) ← MAT(10, 1)
                    VETOR(10) ← 0
Para J ← 2:
    Para I ← 1, tem-se VETOR((2-1)*10+1) ← MAT(1, 2)
                    VETOR(11) ← 3
    Para I ← 2, tem-se VETOR((2-1)*10+2) ← MAT(2, 2)
                    VETOR(12) ← 1
    Para I ← 3, tem-se VETOR((2-1)*10+3) ← MAT(3, 2)
                    VETOR(13) ← 1
    Para I ← 4, tem-se VETOR((2-1)*10+4) ← MAT(4, 2)
                    VETOR(14) ← 5
    Para I ← 5, tem-se VETOR((2-1)*10+5) ← MAT(5, 2)
                    VETOR(15) ← 1
    Para I ← 6, tem-se VETOR((2-1)*10+6) ← MAT(6, 2)
                    VETOR(16) ← 0
    Para I ← 7, tem-se VETOR((2-1)*10+7) ← MAT(7, 2)
                    VETOR(17) ← 0
    Para I ← 8, tem-se VETOR((2-1)*10+8) ← MAT(8, 2)

VETOR(18) ← 0
Para I ← 9, tem-se VETOR((2-1)*10+9) ← MAT(9, 2)
VETOR(19) ← 1
Para I ← 10, tem-se VETOR((2-1)*10+10) ← MAT(10, 2)
VETOR(20) ← 2
... ...

Para J ← 5:
    Para I ← 1, tem-se VETOR((5-1)*10+1) ← MAT(1, 5)
        VETOR(46) ← 1
    Para I ← 2, tem-se VETOR((5-1)*10+2) ← MAT(2, 5)
        VETOR(47) ← 2
    Para I ← 3, tem-se VETOR((5-1)*10+3) ← MAT(3, 5)
        VETOR(48) ← 2
    Para I ← 4, tem-se VETOR((5-1)*10+4) ← MAT(4, 5)
        VETOR(49) ← 3
    Para I ← 5, tem-se VETOR((5-1)*10+5) ← MAT(5, 5)
        VETOR(50) ← 0
    Para I ← 6 tem-se VETOR((5-1)*10+6) ← MAT(6, 5)
        VETOR(46) ← 0
    Para I ← 7 tem-se VETOR((5-1)*10+7) ← MAT(7, 5)
        VETOR(47) ← 1
    Para I ← 8 tem-se VETOR((5-1)*10+8) ← MAT(8, 5)
        VETOR(48) ← 4
    Para I ← 9, tem-se VETOR((5-1)*10+9) ← MAT(9, 5)
        VETOR(49) ← 4
    Para I ← 10, tem-se VETOR((5-1)*10+10) ← MAT(10, 5)
        VETOR(50) ← 1.

Como se pode ver, o algoritmo funciona corretamente, já que o objetivo foi alcançado: os valores da matriz foram armazenados no *array*, coluna a coluna.

A próxima questão propõe o inverso do que foi pedido nestes dois últimos algoritmos: ao invés de ler uma matriz e gerar um *array*, deseja-se agora ler um *array* com valores numéricos e montar uma matriz que contenha estes valores. O objetivo a ser alcançado com estes exercícios é ganhar traquejo com a manipulação com diferentes estruturas de dados, exigido na função de programador de computador.

5.5 LêArray-montaMatrizPorLinha-imprime: Escrever um algoritmo para ler um *array* unidimensional de 200 elementos e armazenar os elementos (linha a linha) numa matriz 10x20; escrever no final a matriz criada.

Resposta:
Algoritmo.
declare A(10, 20), B(200), I, J numérico;
{Leitura do *array* de entrada.}
leia ((B(I), I = 1, 200);
{Laço para construir a matriz a partir do *array*, linha a linha.}
para I = 1, 10
para J = 1, 20
A(I, J) ← B((I – 1) * 20 + J);
fimpara;
fimpara;
{Imprimir a matriz criada.}
escreva "Matriz criada = ", ((A(I, J), J = 1, 20), I = 1, 10);
fimalgoritmo.

Teste de mesa: Para testar o algoritmo, considere a sequência de valores do *array* de entrada, que serão armazenados na matriz. Nem todos os 200 elementos serão representados, mas o suficiente para se poder avaliar a correção do algoritmo:

Valores : 5 3 2 4 1 2 1 3 2 2 11 5 3 2 9 5 2 1 5 4 6 8 2 5 ... 83

Posições: 1 2 3 4 5 6 7 8 9 10 11 12 13 14 15 16 17 18 19 20 21 22 23 24 25 ... 199 200

Da mesma maneira que nos dois exemplos anteriores, será apresentada uma lista que acompanha as variáveis controladoras dos dois laços "Para" do algoritmo, um (externo) para fazer a variação das linhas (variável I, de 1 a 10), outro (interno) para fazer a variação das colunas (variável J, de 1 a 20). Como visto, o laço mais interno varia mais rapidamente; o laço mais externo varia mais lentamente. Portanto, para cada valor atribuído à variável I, o laço mais interno é executado completamente: vai de 1 a 20.

Para I ← 1:
   Para J ← 1, tem-se A(1, 1) ← B((1-1)*20+1)
                 A(1, 1) ← 5
   Para J ← 2, tem-se A(1, 2) ← B((1-1)*20+2)
                 A(1, 2) ← 3
   Para J ← 3, tem-se A(1, 3) ← B((1-1)*20+3)
                 A(1, 3) ← 2

Para J ← 4, tem-se A(1, 4) ← B((1-1)*20+4)
A(1, 4) ← 4
Para J ← 5, tem-se A(1, 5) ← B((1-1)*20+5)
A(1, 5) ← 1
Para J ← 6, tem-se A(1, 6) ← B((1-1)*20+6)
A(1, 6) ← 2
Para J ← 7, tem-se A(1, 7) ← B((1-1)*20+7)
A(1, 7) ← 1
Para J ← 8, tem-se A(1, 8) ← B((1-1)*20+8)
A(1, 8) ← 3
Para J ← 9, tem-se A(1, 9) ← B((1-1)*20+9)
A(1, 9) ← 2
Para J ← 10, tem-se A(1, 10) ← B((1-1)*20+10)
A(1, 10) ← 2
Para J ← 11, tem-se A(1, 11) ← B((1-1)*20+11)
A(1, 11) ← 1
Para J ← 12, tem-se A(1, 12) ← B((1-1)*20+12)
A(1, 12) ← 1
Para J ← 13, tem-se A(1, 13) ← B((1-1)*20+13)
A(1, 13) ← 5
Para J ← 14, tem-se A(1, 14) ← B((1-1)*20+14)
A(1, 14) ← 3
Para J ← 15, tem-se A(1, 15) ← B((1-1)*20+15)
A(1, 15) ← 2
Para J ← 16, tem-se A(1, 16) ← B((1-1)*20+16)
A(1, 16) ← 9
Para J ← 17, tem-se A(1, 17) ← B((1-1)*20+17)
A(1, 17) ← 5
Para J ← 18, tem-se A(1, 18) ← B((1-1)*20+18)
A(1, 18) ← 2
Para J ← 19, tem-se A(1, 19) ← B((1-1)*20+19)
A(1, 19) ← 1
Para J ← 20, tem-se A(1, 20) ← B((1-1)*20+20)
A(1, 20) ← 5
Para I ← 2:
Para J ← 1, tem-se A(2, 1) ← B((2-1)*20+1)
A(2, 1) ← 8
Para J ← 2, tem-se A(2, 2) ← B((2-1)*20+2)
A(2, 2) ← 2
Para J ← 3, tem-se A(2, 3) ← B((2-1)*20+3)
A(2, 3) ← 5

... ...

Para I ← 10:
... ...
Para J ← 19, tem-se A(10, 19) ← B((10-1)*20+19)
A(10, 19) ← 8
Para J ← 20, tem-se A(10, 20) ← B((10-1)*20+20)
A(10, 20) ← 3.

Como se pode ver, o algoritmo funciona corretamente, já que os valores do *array* unidimensional foram armazenados corretamente na matriz, os primeiros vinte na primeira linha, os vinte seguintes na segunda linha, e assim sucessivamente.

5.6 LêArray-montaMatrizPorColuna-imprime: Fazer modificações no algoritmo anterior para atender o seguinte: ler um *array* unidimensional de 200 elementos e armazenar os elementos numa matriz 10x20, mas agora os elementos devem ser armazenados coluna a coluna na matriz, ou seja, os primeiros dez elementos devem ser armazenados na primeira coluna da matriz, os dez seguintes devem ser armazenados na segunda coluna, e assim sucessivamente.

Resposta:

```
Algoritmo.
    declare A(10, 20), B(200), I, J numérico;
        {Leitura do array de entrada.}
    leia ((B(I), I = 1, 200);
        {Laço para construir a matriz a partir do array, coluna a coluna.}
    para J = 1, 20
        para I = 1, 10
            A(I, J) ← B((J – 1) * 10 +  I);
        fimpara;
    fimpara;
        {Imprimir a matriz criada.}
    escreva "Matriz criada = ", ((A(I, J), J = 1, 20), I = 1, 10);
fimalgoritmo.
```

5.7 Corrige-prova-objetiva: escrever um algoritmo para corrigir a prova do vestibular de Sistemas de Informação da Faculdade XYZ e imprimir os dados dos candidatos com a pontuação obtida. Sabe-se que os cartões-resposta dos candidatos estão registrados em um arquivo, cujo fim é sinalizado com um registro com número de inscrição igual a zero. Considerar que fazem parte do cartão- resposta as seguintes informações: número de inscrição (9999), nome do candidato, resposta das 60 questões da prova (múltipla escolha). Considerar que o gabarito é lido no início do algoritmo.

Resposta:

```
1Algoritmo.
2      declare INSC, NO_CERTAS, I numérico;
3      declare NOME, RESP(60), GABA(60) literal;
4      {Leitura do gabarito da prova.}
5      leia (GABA(I), I = 1, 60);
6      { Leitura do primeiro candidato.}
7      leia INSC, (RESP(I), I = 1, 60);
8      {Laço para corrigir a prova do candidato lido.}
9      enquanto INSC ≠ 0, faça:
10             NO_CERTAS ← 0;
11             para I = 1, 60
12                  seRESP(I) = GABA(I) então
13                          NO_CERTAS ← NO_CERTAS + 1
14                  fimse;
15             fimpara;
16             escreva INSC, NOME, "No. de pontos = ",  NO_CERTAS;
17           {Leitura do próximo candidato.}
18             leia INSC, (RESP(I), I = 1, 60);
19      fim-enquanto;
20fimalgoritmo.
```

5.8 Corrige-prova-objetiva-detmaiorpontuação: escrever um algoritmo para corrigir uma prova (objetiva) de um concurso público. O gabarito deve ser lido no início do algoritmo; ele contém 40 questões. Em seguida ao gabarito, deve-se ler o número de inscrição do candidato (9999) e suas 40 respostas. O algoritmo deve imprimir as seguintes informações para cada candidato: número do candidato, número de acertos. No fim do algoritmo, destacar o número de candidatos do concurso e fornecer o número de inscrição do candidato que obteve o maior número de acertos. Observação: o número de candidatos inscritos é a primeira informação a ser lida pelo algoritmo.

Resposta:
Algoritmo.
   declare GABA(40), RESP(40), INSC, ACERTOS, NCAND, INSCMAIOR,
      MAIORACERTOS, I numérico;
         {Inicializar contador de candidatos e variável que contém maior }
         {número de acertos.}
   MAIORACERTOS ← -1;
   NCAND ← 0;
         {Ler gabarito.}
   leia (GABA(I), I = 1, 40);
         {Ler dados do primeiro aluno.}
   leia INSC, (RESP(I), I = 1, 40);
   enquanto INSC ≠ 0, faça:
      ACERTOS ← 0;
      para I = 1, 40
         se GABA(I) = RESP(I) então
            ACERTOS ← ACERTOS + 1
         fimse;
      fimpara;
      {Teste para determinar o maior número de acertos.}
      se ACERTOS > MAIORACERTOS então
            MAIORACERTOS ← ACERTOS;
            INSCMAIOR ← INSC
      fimse;
      escreva INSC, ACERTOS;
      NCAND ← NCAND + 1;
      {Ler próximo candidato.}
      leia INSC, (RESP(I), I = 1, 40);
   fim-enquanto;
         {Impressão dos resultados.}
   escreva "Número de Candidatos = ", NCAND;
   escreva "Candidato com Maior Número de Acertos = ", INSCMAIOR;
   escreva "Número de Acertos = ", MAIORACERTO;
fimalgoritmo.

5.9 Imprime-rel-quebra: Para cada aluno da disciplina "Algoritmos e Programação de Computadores" deste semestre será digitada uma linha com:

- a identificação da turma (A, B, ..., R, nesta ordem);
- número de matrícula;
- nome.

Após o último aluno de cada turma, virá uma linha que não corresponde a nenhum aluno, contendo zero no lugar do número de matrícula. Deseja-se, através de um computador, ler estas linhas e imprimir para cada turma, a sua identificação, o número de matrícula do aluno, seu nome.

Para efeito de impressão, considerar o formato abaixo:

FACULDADE ATUAL		PÁGINA – XXXX
DISCIPLINA: Algoritmos e Programação de Computadores		
TURMA: X		
ORDEM	MATRÍCULA	NOME
XXXX	XXXXXX	XX--------------------------------XX
XXXX	XXXXXX	XX--------------------------------XX

Obs.: o número de alunos listados em cada página é 30.

Resposta: verifique a correção do algoritmo abaixo (faça um "teste de mesa").

```
Algoritmo.
    declare TURMA, TURMAANT, NOME literal;
    declare MAT, NLIN, PAG, ORDEM numérico;
        {Inicializar contadores e turma anterior.}
    TURMAANT ← "X";
    NLIN ← 31;
    PAG ← 0;
        {Ler primeiro aluno.}
    leia TURMA, MAT, NOME;
    enquanto TURMAANT ≠ "R", faça:
        se TURMAANT ≠ TURMA então
            se NLIN > 30 então
```

114

```
                    PAG ← PAG + 1;
                    NLIN ← 0
                fimse
                escreva "Faculdade XYZ        Página: ", PAG;
                escreva "Disciplina: Algoritmos";
                escreva "Turma: ", TURMA;
                escreva "ORDEM   MATRÍCULA   NOME";
                NLIN ← 0
                ORDEM ← 0
            fimse;
            enquanto MAT ≠ 0, faça:
                ORDEM ← ORDEM + 1;
                NLIN ← NLIN + 1
                escreva ORDEM, MAT, NOME
                leia TURMA, MAT, NOME
            fimenquanto;
            TURMAANT ← TURMA
            se TURMAANT ≠ "R" então
                leia TURMA, MAT, NOME
            fimse;
        fim-enquanto;
    fimalgoritmo.
```

5.10 Elementos-naocomuns-de2conj: escrever um algoritmo para ler dois conjuntos de números inteiros, um com 10 elementos e o outro com 20 elementos, e apresentar os elementos que não são comuns aos dois conjuntos.

Resposta:
```
1   Algoritmo.
2       declare A(10), B(20), I, J numérico;
3       declare ENCONTROU lógico;
4       {Leitura dos dois arrays de entrada.}
5       leia (A(I), I = 1, 10);
6       leia (B(I), I = 1, 20);
7       {Laço para comparar os elementos do conjunto A com os elementos do conjunto B.}
8       para I = 1, 10
9           ENCONTROU ← falso;
10          J ← 1;
11          enquanto J <= 20 enão ENCONTROU, faça:
12              se A(I) = B(J) então
13                  ENCONTROU ← verdadeiro
14              fimse;
15              J ← J + 1;
16          fim-enquanto;
17          senão ENCONTROU então
18              escreva "Este elemento não é comum aos dois conjuntos: ", A(I)
```

```
19          fimse;
20      fimpara;
21   fimalgoritmo.
```

5.11 Elementos-comuns-de2conj: escrever um algoritmo para ler dois conjuntos de números inteiros, um com 10 elementos e o outro com 20 elementos, e apresentar os elementos que são comuns aos dois conjuntos.

Resposta:
Comentários: para resolver este problema, basta substituir os comandos 17 a 19 do algoritmo anterior para:

```
17      se ENCONTROU então
18          escreva "Este elemento é comum aos dois conjuntos: ", A(I)
19      fimse;
```

5.12 Lê-conj-verifica-elemento: escrever um algoritmo para ler um conjunto de 100 elementos numéricos e verificar se existem elementos iguais a 30; se existirem, escrever as posições em que estão armazenados.

Resposta:
```
Algoritmo.
    declare CONJ(1000), I, numérico;
    leia (CONJ(I), I = 1, 1000);
    para I = 1, 100
    |       se CONJ(I) = 30 então
    |   |           escreva I
    |fimse;
    fimpara;
fimalgoritmo.
```

5.13 Lê-2conj-intercala: escrever um algoritmo para ler dois conjuntos com 100 elementos numéricos cada e fazer a intercalação entre eles. Considerar que os dois conjuntos se encontram ordenados.

Resposta:

```
Algoritmo.
        declare A(100), B(100), C(200), I, J, K, N, NO numérico;
        NO ← 100;
        leia (A(I), I = 1, NO);
        leia (B(I), I = 1, NO);
        I ← 1;
        J ← 1;
        K ← 1;
        enquanto K ≤ 2 * NO, faça:
        |       se A(I) > B(J) então
        |           |C(K) ← B(J);
        |           |J ← J + 1;
        |           |    se J > NO então
        |           |    |    para N = I, NO passo 1
        |           |    |    |    K ← K + 1;
        |           |    |    |    C(K) ← A(N);
        |           |    |    fimpara;
        |           |    fimse;
        |           senão
        |           |    C(K) ← A(I);
        |           |    I ← I + 1;
        |           |se I > NO então
        |           ||    para N = J, NO passo 1
        |           |    |    |    K ← K + 1;
        |           |    |    |    C(K) ← B(N);
        |           |    |    fimpara;
        |           |fimse;
        |           fimse;
        |           K ← K + 1;
        fim-enquanto;
            escreva " Conjunto intercalado = ", (C(I), I = 1, (2 * NO));
fimalgoritmo.
```

5.14 Corrige-prova-objetiva-e-classifica: escrever um algoritmo para corrigir a prova do vestibular de Sistemas de Informação da Faculdade Atual e imprimir a relação com os 40 classificados. Sabe-se que os cartões-resposta dos candidatos estão registrados em um arquivo, cujo fim é sinalizado com um registro com número de inscrição igual a zero. Considerar que fazem parte do cartão-resposta as seguintes informações: número de inscrição (9999), nome do candidato, resposta das 60 questões da prova (múltipla escolha). Considerar que o gabarito é lido no início do algoritmo. Observação: 1) prever um número máximo de 200 candidatos inscritos; 2) os 40 candidatos classificados devem ser os que tiverem maior pontuação.

Resposta:

```
1    Algoritmo.
2        declare INSC(200), NO_CERTAS(200), I, J, TEMP, TEMP_INSC numérico;
3        declare NOME(200, 30), RESP(200, 60), GABA(60) literal;
4        declare TERMINOU lógico;
5        {Leitura do gabarito da prova.}
6        leia (GABA(I), I = 1, 60);
7        {Leitura e processamento dos dados dos 200 candidatos.}
8        Para I = 1, 200
9            leia INSC(I), (NOME(I, J), J = 1, 30), (RESP(I, J), J = 1, 60);
10               {Laço para corrigir a prova do candidato lido.}
11               NO_CERTAS(I) ← 0;
12               para J = 1, 60
13                   se RESP(I, J) = GABA(J) então
14                       NO_CERTAS(I) ← NO_CERTAS(I) + 1
15                   fimse;
16               fimpara;
17        fimpara;
18           {Ordenação crescente dos candidatos pelo número de questões certas.}
19        TERMINOU ← falso;
20        enquantonão TERMINOU, faça:
21            TERMINOU ← verdadeiro;
22            para I = 1, 199
23                se NO_CERTAS(I) > NO_CERTAS(I+1) então
24                    TEMP ← NO_CERTAS (I);
25                    NO_CERTAS(I) ← NO_CERTAS (I+1);
26                    NO_CERTAS(I+1) ← TEMP;
27                    TEMP_INSC ← INSC (I);
28                    INSC(I) ← INSC(I+1);
29                    INSC(I+1) ← TEMP;
30                    TERMINOU ← falso;
```

```
31              fimse;
32           fimpara;
33        fim-enquanto;
34        {Imprimir inscrição dos candidatos aprovados e pontuação obtida.}
35        escreva "Relação de candidatos aprovados";
36        {Leitura do próximo candidato.}
37        para I = 161, 200
38              escreva "Insc. = ", INSC(I), "Pontuação obtida = ", NO_CERTAS (I);
39        fimpara;
40        escreva "*** Fim de Listagem ***";
41     fimalgoritmo.
```

5.15 Exercício proposto: escrever um algoritmo que gere e imprima uma variável composta A, obtida pela inversão da ordem de 200 valores numéricos lidos de um meio de entrada.

Exemplo: **Variável lida: X**

78	12	48	...	13	32	11
X(1)	X(2)	X(3)	...	X(198)	X(199)	X(200)

Variável gerada: A

11	32	13	... 48	12	78	
A(1)	A(2)	A(3)	...	A(198)	A(199)	A(200)

O próximo capítulo apresenta algoritmos que processam arquivos sequenciais.

119

CAPÍTULO 6: CONSTRUÇÃO DE ALGORITMOS: ARQUIVOS SEQUENCIAIS

Os algoritmos apresentados neste capítulo manipulam arquivos com organização sequencial. Nesta organização os registros são processados (lidos/gravados) em sequência, a partir do primeiro registro até o último.

Os algoritmos listados em seguida têm característica comum: os registros do arquivo de entrada, do primeiro ao último, são lidos e processados. Nos algoritmos apresentados deseja-se ler o arquivo e produzir um relatório, contendo informações extraídas dos registros. Mostramos como estruturar a lógica para imprimir cabeçalho em cada página e controlar o número de registros impressos em cada página, determinando a quebra de página (salto da linha de impressão para o topo da próxima página e impressão do cabeçalho respectivo).

Cabe lembrar aqui algumas considerações sobre projeto de relatórios (Furtado, 2010):

a) São informações imprescindíveis nos relatórios: o nome do subsistema a que pertence o relatório; o título do relatório, que informe a ordenação das informações e o propósito da impressão; numeração de páginas e data de impressão; linha com identificação das colunas do relatório;

b) Especialmente quando apresentar campos com valores em reais, os campos devem ser protegidos: asteriscos devem substituir os zeros à esquerda; formatos de edição devem ser utilizados, com vírgula decimal e pontos separando os milhares;

c) As linhas de detalhe devem apresentar numeração sequencial dos registros impressos;

d) O relatório deve ser finalizado com uma linha de totais (se for o caso) ou por uma linha de asteriscos, impressa logo em seguida à última linha de detalhe, para sinalizar que o relatório foi concluído normalmente, e que não foi incluída nenhuma linha de forma irregular;

e) Deve haver uniformidade no formato dos relatórios de um dado sistema.

Quando se trabalha com arquivos de organização sequencial, há alguns problemas típicos. Os mais referenciados são os problemas de lotes encaixantes (também chamados de quebra) e os problemas de atualização de arquivo sequencial e de intercalação de arquivos.

121

Lotes Encaixantes

Estes problemas são assim chamados porque o arquivo de entrada encontra-se ordenado por um ou mais atributos e deseja-se produzir um relatório com algum procedimento especial de impressão quando houver mudança de valor em um ou mais atributos. Um exemplo deste tipo é quando temos um cadastro de alunos, ordenado por código de matrícula do aluno e deseja-se imprimir listagens dos alunos por curso. Se considerarmos que o número de matrícula é um código hierárquico formado da seguinte maneira: XXYYY, onde XX é o código do curso; YYY é a ordenação dentro do curso.

Veja o arquivo abaixo:

Matrícula	Nome	Outros dados
01001	Pedro	xxxxxxxxxxxxxxxxxx
01002	João	xxxxxxxxxxxxxxxxxx
01005	Ana	xxxxxxxxxxxxxxxxxx
03001	Joseane	xxxxxxxxxxxxxxxxxx
03008	André	xxxxxxxxxxxxxxxxxx
03010	Maria	xxxxxxxxxxxxxxxxxx
03100	Carlos	xxxxxxxxxxxxxxxxxx
04001	Sônia	xxxxxxxxxxxxxxxxxx
04080	Mateus	xxxxxxxxxxxxxxxxxx
04100	Mariza	xxxxxxxxxxxxxxxxxx
...	...	...

Temos acima o lote dos alunos do curso 01(de Pedro a Ana); depois o lote dos alunos do curso 03 (de Joseane a Carlos) e o lote dos alunos do curso 04 (de Sônia a Mariza).

6.1 LêArquivo-imprimeRelatório1: Escrever um algoritmo para, a partir de um arquivo sequencial de entrada contendo informações sobre alunos matriculados no Curso de Bacharelado em Sistemas de Informação (formato abaixo), imprimir lista de frequência dos alunos (conforme modelo abaixo).

Formato do arquivo de entrada: ALUNOS

— **Matrícula (XXYYZZZ) [XX – ano; YY – Código do curso; ZZZ – Ordem no curso]**
— **Nome do aluno (20 caracteres)**
— **Código da disciplina (XXYYZZZ) [XX – Instituto; YY – Faculdade; ZZZ – Ordem da disciplina dentro da faculdade]**
— **Turma (3 algarismos).**
— **Formato da lista de frequência a ser produzida com base no arquivo acima (considerar que serão impressos no máximo 30 alunos por página):**

Faculdade XYZ   Pág. –   1

Sistema de Controle Acadêmico – Curso de Bacharelado em Sistemas de Informação

Relação de Frequência – Disciplina Programação

ORDEM	MAT.	NOME ALUNO	ASSINATURA
001	0940357	André Santos	_____
002	0940237	Bené Souza	_____
003	0840188	Carlos Souza	_____

****

```
Algoritmo.
    declare MAT, TURMA, NPAG, NLIN, ORDEM, I numérico;
    declare NOME(20), CODDISC literal;
    leia MAT, (NOME(I), I = 1, 20), CODDISC, TURMA;
    NLIN ← 31;
    NPAG ← 0;
    ORDEM ← 0;
    enquantonão FDA(), faça:
        se NLIN > 30 então
            NPAG ← NPAG + 1;
            escreva cabeçalho;
```

```
            NLIN ← 0
      fimse;
            NLIN ← NLIN + 1;
            ORDEM ← ORDEM + 1;
            escreva ORDEM, MAT, (NOME(I), I =1,20), "_____";
            leia MAT, (NOME(I), I = 1, 20), CODDISC, TURMA;
      fimenquanto;
      escreva
   "***************************************************";
   fimalgoritmo.
```

6.2 LêArquivo-imprimeRelatório2: Escrever um algoritmo para, a partir de um arquivo sequencial de entrada contendo informações sobre alunos matriculados no Curso de Bacharelado em Sistemas de Informação (formato abaixo), imprimir relatório, identificando os alunos aprovados (conforme modelo abaixo). A aprovação ocorre se o aluno tiver como média das três notas valor superior ou igual a 5; se a média é inferior a 5, o aluno está reprovado.

Formato do arquivo de entrada: ALUNOS

— **Matrícula (XXYYZZZ) [XX – ano; YY – Código do curso; ZZZ – Ordem no curso]**
— **Nome do aluno (20 caracteres)**
— **Código da disciplina (XXYYZZZ) [XX – Instituto; YY – Faculdade; ZZZ – Ordem da disciplina dentro da faculdade]**
— **Turma (3 algarismos).**
— **Nota 1 (valor no intervalo [0,10])**
— **Nota 2 (valor no intervalo [0,10])**
— **Nota 3 (valor no intervalo [0,10]).**

Formato do relatório de alunos com base no arquivo acima (considerar que serão impressos no máximo 30 alunos por página):

Faculdade XYZ   Pág. –   1
Sistema de Controle Acadêmico – Curso de Bacharelado em Sistemas de Informação
Relação de Alunos com Situação Final – Disciplina Programação

ORDEM	MAT.	NOME ALUNO	NOTA 1	NOTA 2	NOTA 3	MÉDIA FINAL	SITUAÇÃO
001	0940357	André Santos	8,5	7,5	8,0	8,0	APROVADO
002	0940237	Bené Souza	5,0	6,0	4,0	5,0	APROVADO
003	0840188	Carlos Souza	4,0	3,0	5,0	4,0	REPROVADO

****

```
Algoritmo.
        declare MAT, TURMA, NOTA1, NOTA2, NOTA3, MEDIA,
                NPAG, NLIN, ORDEM, I numérico;
        declare NOME(20), CODDISC, SITUACAO literal;
        leia MAT, (NOME(I), I = 1, 20), CODDISC, TURMA, NOTA1, NOTA2,   NOTA3;
        NLIN ← 31;
        NPAG ← 0;
        ORDEM ← 0;
        enquantonão FDA(), faça:
                se NLIN > 30 então
                        NPAG ← NPAG + 1;
                        escreva cabeçalho
                NLIN ← 0
                fimse;
                NLIN ← NLIN + 1;
                MEDIA ← (NOTA1 + NOTA2 + NOTA3) / 3;
                se MEDIA ≥ 5 então
                SITUACAO ← "APROVADO"
                Senão
                SITUACAO ← "REPROVADO"
                fimse;
                ORDEM ← ORDEM + 1;
                escreva ORDEM, MAT, (NOME(I), I =1,20), CODDISC, TURMA,
                        NOTA1, NOTA2, NOTA3, MEDIA, SITUACAO
                leia MAT, (NOME(I), I = 1, 20), CODDISC, TURMA, NOTA1, NOTA2,
                        NOTA3;
        fimenquanto;
        escreva
        "*****************************************************************";
fimalgoritmo.
```

6.3 LêArquivo-imprimeListaPorTurma: Escrever um algoritmo para, a partir de um arquivo sequencial de entrada contendo informações sobre alunos matriculados no Curso de Bacharelado em Sistemas de Informação (formato abaixo), imprimir listas de frequência por turma para cada disciplina (conforme modelo abaixo)

Formato do arquivo de entrada: ALUNOS

— **Matrícula (XXYYZZZ) [XX – ano; YY – Código do curso; ZZZ – Ordem no curso]**
■■■
— **Nome do aluno (20 caracteres)**
— **Código da disciplina (XXYYZZZ) [XX – Instituto; YY – Faculdade; ZZZ – Ordem da disciplina dentro da faculdade]**
— **Turma (3 algarismos).**

Observação: o arquivo ALUNOS encontra-se ordenado por código de disciplina, turma e nome do aluno. Isto significa que os registros dos alunos de uma dada turma de uma dada disciplina acham-se ordenados pelo campo nome. Veja o exemplo de um trecho do arquivo ALUNOS para observar a sua ordenação (a primeira linha contém títulos dos campos e não faz parte do arquivo; a coluna NO. identifica os registros do arquivo e não faz parte dele). O objetivo do exemplo é ilustrar com clareza o que se deseja obter com este algoritmo: a partir de um arquivo, produzem-se várias listas de alunos: uma lista para cada turma.

NⁿO	MATRÍCULA	NOME DO ALUNO	COD. DISCIPLINA	TURMA
1	0940357	André Santos	EN01001	010
2	0940237	Bené Souza	EN01001	010
3	0840188	Carlos Souza	EN01001	010
4	0840299	Elen Pina	EN01001	020
5	0840355	Maria Diniz	EN01001	020
6	0840155	Rosa Pires	EN01001	020
7	0840358	Zélia Zenk	EN01001	020
8	0940159	Zélio Yun	EN01001	020
9	0840558	Ana Maria	EN01001	040
10	0840958	Beta Sá	EN01001	040
11	0840058	Karen Pina	EN01001	040
12	0840040	Lia Reis	EN01001	040
13	0840023	Zeca Braz	EN01001	040
14	0840005	Bia Peres	EN01001	120
15	0840358	Dora Bria	EN01001	120
16	0840457	Jose Zenk	EN01001	120
17	0840556	Juca Allan	EN01001	120
18	0840655	Mário Melo	EN01001	120
19	0840754	Muniz Sá	EN01001	120
20	0840853	Tuca Sé	EN01001	120
21	0840655	Mário Melo	EN02001	010
22	0840754	Muniz Sá	EN02001	010
23	0840853	Tuca Sé	EN02001	010

Formato das listas de frequência impressas com base no arquivo acima (considerar que serão impressos no máximo 30 alunos por página):

Faculdade XYZ   Pág. –   1

Sistema de Controle Acadêmico – Curso de Bacharelado em Sistemas de Informação

Disciplina: EN01001Turma: 010

ORDEM	MATRÍCULA	NOME ALUNO	Assinatura
001	0940357	André Santos	_____
002	0940237	Bené Souza	_____
003	0840188	Carlos Souza	_____

****

127

Faculdade XYZ   Pág. – 1
Sistema de Controle Acadêmico – Curso de Bacharelado em Sistemas de Informação
Disciplina: EN01001   Turma: 020

ORDEM	MATRÍCULA	NOME ALUNO	Assinatura
001	0840299	Elen Pina	_____
002	0840355	Maria Diniz	_____
003	0840155	Rosa Pires	_____
004	0840358	Zélia Zenk	_____
005	0940159	Zélio Yun	_____

****

Faculdade XYZ   Pág. – 1
Sistema de Controle Acadêmico – Curso de Bacharelado em Sistemas de Informação
Disciplina: EN01001   Turma: 040

ORDEM	MATRÍCULA	NOME ALUNO	Assinatura
001	0840558	Ana Maria	_____
002	0840958	Beta Sá	_____
003	0840058	Karen Pina	_____
004	0840040	Lia Reis	_____
005	0840023	Zeca Braz	_____

****

Faculdade XYZ   Pág. – 1
Sistema de Controle Acadêmico – Curso de Bacharelado em Sistemas de Informação
Disciplina: EN01001   Turma: 120

ORDEM	MATRÍCULA	NOME ALUNO	Assinatura
001	0840005	Bia Peres	_____
002	0840358	Dora Bria	_____
003	0840457	Jose Zenk	_____
004	0840556	Juca Allan	_____
005	0840655	Mário Melo	_____
006	0840754	Muniz Sá	_____
007	0840853	Tuca Sé	_____

****

Faculdade XYZ			Pág. – 1

Sistema de Controle Acadêmico – Curso de Bacharelado em Sistemas de Informação
Disciplina: EN02001   Turma: 010

ORDEM	MATRÍCULA	NOME ALUNO	Assinatura
001	0840655	Mário Melo	_____
002	0840754	Muniz Sá	_____
003	0840853	Tuca Sé	_____

****

Comentário: este é um problema clássico de programação, chamado "problema de lotes encaixantes" ou "problema de quebra". Considerando a ordenação do arquivo de entrada (ALUNOS), percebe-se que uma disciplina pode apresentar várias turmas; uma dada turma, por sua vez, apresenta vários alunos. Há, portanto, lotes que se encaixam. Neste caso, o arquivo é constituído de lotes de disciplinas; cada disciplina, por sua vez, é constituída de uma ou várias turmas; uma dada turma, por sua vez, é constituída por um ou vários alunos.
Sempre que se tiver um arquivo com estas características, deve-se adotar a solução apresentada neste algoritmo.

Resposta:
Algoritmo.
```
        declare MAT, TURMA, TURMA_ANT,
               PAG, NLIN, ORDEM, I numérico;
        declare NOME(20), CODDISC, CODDISC_ANT literal;
        leia MAT, (NOME(I), I = 1, 20), CODDISC, TURMA;
        CODDISC_ANT ← CODDISC;
        TURMA_ANT ← TURMA;
        NLIN ← 31;
        PAG ← 0;
        enquantonão FDA(), faça:
             enquantonão FDA() e CODDISC = CODDISC_ANT, faça:
                  ORDEM ← 0;
                  enquantonão FDA() e TURMA = TURMA_ANT e
                            CODDISC = CODDISC_ANT, faça:
                  se NLIN > 30 então
                       PAG ← PAG + 1;
                       escreva cabeçalho;
                       escreva CODDISC, TURMA;
                       NLIN ← 0;
                  fimse;
                  ORDEM ← ORDEM + 1;
```

```
                    NLIN ← NLIN + 1;
                    escreva ORDEM, MAT, (NOME(I), I =1,20)
                    leia MAT, (NOME(I), I = 1, 20), CODDISC, TURMA;
                fimenquanto;
                escreva "*******************************";
                NLIN ← 31;
                TURMA_ANT ← TURMA;
                PAG ← 0;
            fimenquanto;
            escreva "****************************";
            NLIN ← 31;
            PAG ← 0;
            CODDISC_ANT ← CODDISC;
        fimequanto;
    fimalgoritmo.
```

6.4   LêArquivo-contaAlunosPorTurma-imprime: Escrever   um algoritmo para, a partir do arquivo sequencial de entrada (da questão anterior) contendo informações sobre alunos matriculados no Curso de Bacharelado em Sistemas de Informação (formato abaixo), imprimir um quadro com o número de alunos de cada turma de cada disciplina (conforme modelo abaixo).

Formato do arquivo de entrada: ALUNOS
— **Matrícula (XXYYZZZ) [XX – ano; YY – Código do curso; ZZZ – Ordem no curso]**
— **Nome do aluno (20 caracteres)**
— **Código da disciplina (XXYYZZZ) [XX – Instituto; YY – Faculdade; ZZZ – Ordem da disciplina dentro da faculdade]**
— **Turma (3 algarismos).**

Formato do quadro com o quantitativo de alunos de cada turma de cada disciplina (elaborado com base no arquivo de entrada da questão anterior):

Faculdade XYZ   Pág. –   1
Sistema de Controle Acadêmico – Curso de Bacharelado em Sistemas de Informação

Quantitativo de alunos por disciplina e turma

Disciplina: EN01001
        Turma: 010 –   3 alunos
        Turma: 020 –   5 alunos
        Turma: 040 –   5 alunos
        Turma: 120 –   7 alunos

Disciplina: EN02001
        Turma: 010 –   3 alunos
****

Resposta:
    Algoritmo.

```
declare MAT, TURMA, TURMA_ANT,
    PAG, NLIN, I, CONTTURMA numérico;
declare NOME(30), CODDISC, CODDISC_ANT literal;
leia MAT, (NOME(I), I = 1, 20), CODDISC, TURMA;
{Inicializa variáveis que contêm coddisc e turma anterior depois da primeira leitura.}
CODDISC_ANT ← CODDISC;
TURMA_ANT ← TURMA;
NLIN ← 31;
PAG ← 0;
enquantonão FDA(), faça:
    enquantonão FDA() e
            CODDISC = CODDISC_ANT, faça:
        CONTTURMA ← 0;
        enquantonão FDA() e
                TURMA = TURMA_ANT e
                CODDISC = CODDISC_ANT, faça:
            se NLIN > 30 então
                PAG ← PAG + 1;
                escreva cabeçalho;
                escreva "Disciplina: ", CODDISC;
                NLIN ← 0;
            fimse;
            CONTTURMA ← CONTTURMA + 1;
            leia MAT, (NOME(I), I = 1, 20), CODDISC, TURMA;
        fimenquanto;
        escreva "Turma:", TURMA_ANT, CONTTURMA, "alunos";
        TURMA_ANT ← TURMA;
    fimenquanto;
    CODDISC_ANT ← CODDISC;
fimenquanto;
escreva "*********************";
fimalgoritmo.
```

Na próxima unidade teremos a codificação dos algoritmos apresentados até aqui na linguagem Java. Comentários pertinentes sobre aspectos da codificação dos algoritmos são mostrados também.

PARTE II: CODIFICAÇÃO EM JAVA

CAPÍTULO 7: IMPLEMENTAÇÃO DE ALGORITMOS EM JAVA

7.1 Introdução

Antes de iniciar a implementação de algoritmos em Java, é necessário conhecer algumas características desta linguagem de programação. Serão apresentados, inicialmente, alguns conceitos e, em seguida, a codificação dos algoritmos elaborados na primeira parte do livro. Alguns detalhes serão acrescentados em momentos oportunos, à medida que o grau de dificuldade dos exercícios for aumentando.

Java é *case-sensitive*

Java é *case-sensitive*. Isto é, diferencia letras maiúsculas de minúsculas. Por isso, a variável **VALOR** é diferente de **Valor,** que é diferente de **valor**. Portanto, deve-se tomar cuidado com o uso de letras maiúsculas e minúsculas.

Convenções

Existem algumas convenções adotadas pelos programadores Java. Uma delas é com relação aos nomes de variáveis e classes: os nomes de variáveis são escritos com letras minúsculas; se o nome for formado por mais de uma palavra, deve-se juntá-las ficando apenas a primeira com a inicial minúscula e as demais com inicial maiúscula.

Veja alguns exemplos de nomes válidos para variáveis que obedecem à convenção sugerida:

aluno, media, valor, nomeDoAluno, data, dataNasc, nota, notaFinal.

Os nomes de classes iniciam com letra maiúscula e assim como no caso das variáveis, se o nome for formado por mais de uma palavra, deve-se juntá-las, porém todas as iniciais ficam maiúsculas. Por exemplo:

LeImprime, MediaAritmetica, MaiorQueCem, Maior, Menor, ParOuImpar.

Pela convenção, os nomes das constantes devem ser escritos com letras maiúsculas. Exemplo:

MAXIMO, PI, DIVISOR.

Se forem formadas por mais de uma palavra, elas deverão ficar separadas por um caractere *underline*. Exemplo:

VALOR_INICIAL, VALOR_MINIMO.

Estas convenções são adotadas até mesmo pelos desenvolvedores da linguagem Java, pois elas estão presentes nas classes que fazem parte de sua biblioteca.

7.2 Estrutura de um programa Java

Um programa Java é constituído por uma ou mais classes. Cada classe é composta por cabeçalho (declaração) e corpo. O cabeçalho é formado pelas palavras **public class** seguidas do nome da classe. **Public class** indica que esta classe é pública, ou seja, pode ser chamada (utilizada) por outras classes. O nome da classe deve fazer sentido, isto é, deve-se escolher um nome significativo, que dê uma ideia do que a classe faz. O corpo é tudo que está entre o { e } e se subdivide em atributos e métodos. Os atributos são as variáveis locais e os métodos são os procedimentos ou funções, responsáveis pelo "funcionamento" da classe.
Exemplo:

```
public class NomeDaClasse {
    ...<atributos>...
    ...<métodos>...
}
```

A classe principal de uma aplicação Java precisa ter um método principal chamado "main" (*main* significa principal em inglês). Esta é a condição para que uma classe seja executável. Veja a linha 2, no código abaixo. Lembre-se: todo método precisa dos delimitadores de bloco: { }. Tudo que está entre o "abre chaves" no final da linha 2 e o "fecha chaves" na linha 5 pertence ao método *main*.

```
1 public class NomeDaClasse {
2    public static void main(String args[]) {
3       ...<atributos>...
4       ...<métodos>...
5    }
6}
```

O comando **leia** aparece bastante nos algoritmos. Para imple-mentá-lo na linguagem Java, precisamos primeiramente criar um objeto da classe **Scanner** (veja a linha 4 no código abaixo). Esta classe possui métodos para leitura de dados via teclado (na programação dos exercícios veremos como utilizá-los). O nome do objeto não precisa ser **entrada**, pode-se usar outro.

A linha 1 é uma instrução para importar a classe **Scanner** da biblioteca de Java, para que possamos criar o objeto **entrada** (na linha 4).

```
1 import java.util.Scanner;
2 public class NomeDaClasse {
3      public static void main(String args[]) {
4         Scanner entrada = new Scanner(System.in);
5            <comandos>…
6      }
7 }
```

Importante: Todos os comandos terminam com ponto-e-vírgula (;).

Comentários: É uma boa prática de programação colocar comentários no código-fonte, explicando o que um determinado método faz ou informando a função de uma determinada variável. Para escrever comentários de uma única linha, use duas barras no início da linha. Por exemplo:

//Isto é um comentário.

Nada impede a criação de comentários de várias linhas utilizando // no início de cada uma delas, porém, podemos utilizar /*...*/ para escrever comentários em várias linhas. Por exemplo:

/* Este é um comentário
de mais de uma linha */

Os comentários servem apenas para facilitar o entendimento do código por parte dos programadores. Eles não farão parte do código-compilado.

7.3 Tipos de dados

A tabela 1 apresenta os tipos de dados manipulados por Java: **int** (inteiro de 4 bytes), **short** (inteiro de 2 bytes; vai de -32768 a 32767), **long** (inteiro de 8 bytes), **byte**, **float** (número flutuante de 4 bytes), **double** (número flutuante 8 bytes, para números muito pequenos ou muito grandes), **boolean** (verdadeiro ou falso) e **char** (caractere).

Tabela 1. Tipos de dados de Java.

Tipo	Tamanho	Faixa de valores
Int	4 bytes	-2,147,483,648 a 2,147,483,647
Short	2 bytes	-32,768 a 32,767
Long	8 bytes	-9,223,372,036,854,775,808 a 9,223,372,036,854,775,807
Byte	1 byte	-128 a 127
Float	4 bytes	±3.40282347E+38F (7 dígitos decimais significativos)
Double	8 bytes	±1.79769313486231570E+308 (15 dígitos decimais significativos)
Boolean		**true** (verdadeiro) ou **false** (falso)
Char		Um caractere. Por exemplo: 'a', 'A', '#', '$'

Fonte: Horstmann e Cornell, 2005, p. 28-30.

7.4 Operadores

+	adição (para valores numéricos) e concatenação (no caso de literais)
-	subtração
/	divisão
*	multiplicação
%	módulo (resto da divisão)
||	**or** ("ou" lógico)
&&	**and** ("e" lógico)
=	atribuição
==	igual a
!=	diferente de
>	maior que
<	menor que
>=	maior ou igual a
<=	menor ou igual a
++	incremento (acréscimo)
--	decremento (decréscimo)
!	complemento lógico (inverte o valor lógico de uma variável *boolean*)

7.5 Equivalência entre pseudocódigo e Java

A tabela 2 apresenta a correspondência entre comandos da pseudolinguagem utilizada e o código Java respectivo.

Tabela 2. Pseudocódigo x Código Java.

Pseudocódigo	Java
leia Val	Scanner entrada = new Scanner(System.in); val = entrada.nextInt(); (para valores inteiros) val = entrada.nextDouble(); (para valores do tipo double) val = entrada.nextFloat(); (para valores do tipo float) val = entrada.nextBoolean(); (para valores booleanos) val = entrada.nextLine(); (para literais ou strings) val = entrada.next(); (para literais ou strings)
escreva "Mensagem"	System.out.println("Mensagem"); System.out.print("Mensagem"); System.out.printf("Mensagem");
escreva "Mensagem", valor	System.out.println("Mensagem" + valor); System.out.print ("Mensagem" + valor); System.out.printf("Mensagem %d", valor);

se A > B **então**
...comandos...
fim-se;
	if (a > b) {
	   ...comandos...
	}

se A > B **e** A > C **então**
...comandos...
fim-se;
	if ((a > b) && (a > c))
	   ...comandos...
	}

se A > B **ou** A > C **então**
...comandos...
fim-se;
	if ((a > b) || (a > c))
	   ...comandos...
	}

se A= B **então**
...comandos...
senão
...comandos...
fim-se;
	if (a == b) {
	   ...comandos...
	} else {
	   …comandos…
	}

se NOME = "Maria" **então**
...comandos...
fim-se;
	if (nome.equals("Maria")) {
	   ...comandos...
	}

I ← I + 1;	i = i + 1; ou i++;
I ← I - 1;	i = i - 1; ou i--;
I ← I + 10;	i = i + 10; ou i += 10;
I ← I - 10;	i = i - 10; ou i -= 10;
I ← I * 10;	i = i * 10; ou i *= 10;
I ← I / 10;	i = i / 10; ou i /= 10;

repita 100 vezes
...comandos...
fim-repita;
	cont = 0;
	do {
	   ...comandos…
	   cont++;
	} while (cont < 100);

I ←0;
enquanto I <= 100, faça:
...comandos...
   I ← I + 1;
fim-enquanto;
	i = 0;
	while (i <= 100) {
	   ...comandos…
	   i++;
	}

para I = 1, 25, faça	for (i = 1; i <= 25; i++) {

...comandos...	...comandos...
fim-para	}
declare NOTA(100) numérico	int nota[] = new int[100];

leia (NOTA(I), I = 1, 100);	for (int i = 0; i < 100; i++){
	    nota[i] = entrada.nextInt();
	}

escreva (NOTA(I), I = 1, 100);	for(int i = 0; i < 100; i++){
	    System.out.print (nota[i]);
	}

declare MAT(5, 4) numérico;	int mat[][] = new int[5][4];

leia ((MAT(I, J), J = 1, 4), I = 1, 5);	for(int i = 0; i < mat.length; i++){
	    for(int j = 0; j < mat[i].length; j++){
	mat[i][j] = entrada.nextInt();
	    }
	}

escreva ((MAT(I, J), J = 1, 4), I = 1, 5);	for(int i = 0; i < mat.length; i++){
	    for(int j = 0; j < mat[i].length; j++){
	        System.out.print(mat[i][j]);
	    }
	}

7.6 Implementado os Algoritmos em Java

A partir deste ponto serão apresentados códigos Java correspondentes aos algoritmos elaborados na primeira parte do livro. Nos primeiros algoritmos, cada linha do programa Java é explicada depois do código, para que o leitor entenda como o compilador Java a interpreta. Por questão de espaço, a saída produzida pelos programas é mostrada em fonte 9.

A partir daqui, acrescentaremos dois dígitos ao item 7.6: estes dois dígitos indicam o capítulo e o número de ordem do exercício dentro do capítulo. Assim, 3.1 indica que se refere ao exercício 1 do capítulo 3.

7.6.3.1 Lê-imprime:

```
1    // Lê e imprime um valor inteiro
2    import java.util.Scanner;
3    public class LeImprime {
4        public static void main (String args[]) {
5            int val;
6            Scanner entrada = new Scanner(System.in);
7            val = entrada.nextInt();
8            System.out.println("Valor lido = " + val);
9        }
10   }
```

Linha 1: Um breve comentário informando o que a classe faz.

Linha 2: Diz ao compilador para importar a classe **Scanner** (da biblioteca de Java). Necessária para ler dados digitados via teclado.

Linha 3: Declaração (cabeçalho) da classe LeImprime.

Linha 4: Declaração do método **main** (método principal). É por onde se inicia aexecução de um programa Java.

Linha 5: Declara a variável **val** com tipo inteiro.

Linha 6: Cria o objeto **entrada**, a partir da classe **Scanner** (necessária para a entrada de dados via teclado).

Linha 7: Fica aguardando o usuário digitar um valor inteiro e pressionar **enter.** Quando a tecla **enter** for pressionada, lê o valor digitado e o armazena na variável **val.val = entrada.nextInt();**corresponde ao comando: leia val

Linha 8: Imprime na tela o conteúdo da variável **val**. Observe a utilização do operador de concatenação: + .
System.out.println("Valor lido = " + val);corresponde ao comando: escreva "Valor lido = ", VAL

Linha 9: Fim do método principal (**main**).

Linha 10: Fim da classe LeImprime.

Utilize o **Bloco de Notas** para digitar o código acima (os números de linha não fazem parte do código, servem somente para orientação durante as explicações e não devem ser digitados). Crie uma pasta para salvar os arquivos dos exercícios. Por exemplo:

C:\exercicios-java.

Importante: ao salvar um arquivo de código-fonte Java, lembre-se que o nome do arquivo deve obrigatoriamente ser igual ao nome da classe e ter a

139

extensão.java. Para o arquivo do primeiro exercício o nome ficará assim: LeImprime.java

Aqui temos um pequeno problema: o Bloco de Notas salva todos os seus arquivos com a extensão .txt. Para que ele salve um arquivo com a extensão .java, proceda da seguinte maneira: na caixa de diálogo **Salvar Como**, selecione a pasta que você criou; depois clique no *drop-down* **tipo** e escolha o item "Todos os arquivos" e na caixa de texto Nome, digite o nome do arquivo com a extensão, tudo entre aspas duplas. Clique em Salvar.

Exemplo:

Nome: "LeImprime.java"
Tipo: Todos os arquivos.

Para compilar e executar:

Abra o **Prompt de Comando** e navegue até a pasta onde você salvou o arquivo. Digite:

javac LeImprime.java

Este comando chama o compilador **javac**, passando como parâmetro o nome do arquivo fonte LeImprime.java. Se houver algum erro no código-fonte, o javac irá abortar a compilação e retornar uma mensagem informando o erro e em qual linha ele se encontra. Neste caso, volte ao código-fonte, corrija o erro, salve o arquivo e tente compilar novamente. Uma vez que o arquivo já esteja salvo no disco não precisa mais se preocupar com o problema da extensão; basta clicar em salvar, que o Bloco de Notas irá salvá-lo com a extensão correta.

Se não houver erros, o compilador javac irá compilar o código sem retornar nenhuma mensagem, dando a impressão de que não aconteceu nada. Mas, se você digitar o comando **dir** e pressionar **enter** verá que, agora, além do arquivo LeImprime.java há também um arquivo com o nome LeImprime.class. Este é o código-executável.

Digite: **Java LeImprime** e pressione **enter** para executar o programa. Obs.: não digite a extensão .class, apenas o nome. Este comando chama a JVM (*Java Virtual Machine*), passando como parâmetro o nome do arquivo de código-executável. A JVM procura pelo método **main**, e inicia a execução do programa a partir daí. Como não há nenhum comando escreva antes do leia, você verá apenas o cursor piscando, aguardando que seja digitado um valor inteiro. Digite um inteiro qualquer; 10, por exemplo, e pressione **enter.** O programa irá exibir na tela: Valor lido = 10.

7.6.3.2 SolicitaValor-imprime:

```
1    // Lê e imprime um valor inteiro (versão 2)
2    import java.util.Scanner;
3    public class LeImprime2 {
4        public static void main (String args[]) {
5           int val;
6           Scanner entrada = new Scanner(System.in);
7           System.out.print("Digite um valor numérico: ");
8           val = entrada.nextInt();
9           System.out.println("Valor lido = " + val);
10       }
11   }
```

Comentários: A única novidade aqui é o comando na linha 7, que mostra para o usuário a mensagem: "Digite um valor numérico". Observe que foi usado o método **print** e não **println**. A diferença entre os dois é a seguinte: o **print** imprime, na tela, a *string* (*string* significa cadeia de caracteres) que lhe foi passada como parâmetro e mantém o cursor na mesma linha; enquanto **println** imprime e depois muda para o início da próxima linha.

7.6.3.3 Lê-testa-imprime:

```
1    // Lê e imprime um valor inteiro (se for maior que 100)
2    import java.util.Scanner;
3    public class MaiorQue100 {
4        public static void main (String args[]) {
5        int val;
6        Scanner entrada = new Scanner(System.in);
7        System.out.print("Digite um valor numérico: ");
8        val = entrada.nextInt();
9        if (val > 100) {
10          System.out.println("Valor lido é > 100: " + val);
11       }
12   }
13 }
```

Comentários: Observe o comando "if", na linha 9: ele corresponde ao se. A condição deve sempre estar envolvida por parênteses. O "}", na linha 11, corresponde ao fim-se.

7.6.3.4 Lê-testaIntervalo-imprime:

```
1    //Lê e imprime um valor,
2    //se estiver no intervalo [100, 200]
3    import java.util.Scanner;
5    public class Intervalo100_200 {
6        public static void main (String args[]) {
7        int val;
8        Scanner entrada = new Scanner(System.in);
9        System.out.print("Digite um valor numérico: ");
10       val = entrada.nextInt();
11       if ((val >= 100) && (val <= 200)) {
12         System.out.println("Valor lido pertence ao intervalo
13                             [100, 200]: " + val);
14       }
15   }
16 }
```

Comentários: Observe, na linha 11, o uso do operador lógico "&&" (*and*) correspondente ao e. No comando if, tanto a expressão lógica como um todo, como as partes que a compõem precisam estar entre parênteses.

7.6.3.5 Lê-testaValor-imprime:

```
1    // Lê 10 valores e imprime somente os maiores que 100
2    import java.util.Scanner;
3    public class Repita {
4        public static void main (String args[]) {
5        int val, contador;
6        Scanner entrada = new Scanner(System.in);
7        contador = 0;
8        do {
9        System.out.print("Digite um valor numérico: ");
10       val = entrada.nextInt();
11       if (val > 100) {
12         System.out.println("Valor lido é > 100. " + val);
13       }
14       contador++;
15   }while (contador < 10);
16 }
17 }
```

Comentários: No pseudocódigo do exercício 5 a repetição vai de 1 a 100. No código Java ela vai de 0 a 9, para que você não tenha que digitar 100 números. Mas, a lógica é a mesma, e se quiser pode alterar o número de repetições, na linha 15, de 10 para 100.

O comando <u>repita</u> possui a seguinte estrutura em Java:

```
do {
...comandos...
}while (condição de parada);
```

Observe a necessidade de uma condição de parada; no pseudocódigo esta condição estava implícita, porém, nas linguagens de programação ela precisa estar explícita. Para isso, utiliza-se uma variável "contadora" (declarada como inteiro, na linha 5, e inicializada com 0, na linha 7), que terá seu valor incrementado de 1 a cada interação do laço. Após o incremento, testa-se se a condição de parada foi atingida; se a resposta for "sim", termina o laço e continua a execução na próxima linha; caso contrário, a execução retorna ao início do laço. Observe o código abaixo:

```
int contador;
contador = 0;
do {
  ...comandos...
  contador++;
}while (contador < 10);
```

O operador ++ serve para incrementar de 1 o valor da variável **contador**. É equivalente a: **contador = contador + 1;**

7.6.3.6 Lê100Valores-testa-imprime:

```
1     // Lê 10 valores e imprime somente os pertencentes
2     // ao intervalo [201,299]
3     import java.util.Scanner;
4     public class RepitaIntervalo {
5         public static void main (String args[]) {
6         int val, contador;
7         Scanner entrada = new Scanner(System.in);
8         contador = 0;
9         do {
```

```
10          System.out.print("Digite um valor numérico: ");
11          val = entrada.nextInt();
12          if ((val >= 201) && (val <= 299)) {
13           System.out.println("Valor lido pertence ao intervalo
14                        [201, 299]: " + val);
15          }
16          contador++;
17        }while (contador < 10);
18    }
19 }
```

Comentários: Este código é idêntico ao do exercício anterior, com exceção do "if", na linha 12 que utiliza o operador *and* (&&) para verificar se o número digitado está dentro do intervalo [201,299].

7.6.3.7 Lê-determinaRelação:

```
1     // Lê 2 valores e determina a relação entre eles
2     import java.util.Scanner;
3     public class RelacaoAB {
4         public static void main (String args[]) {
5         int a, b;
6         Scanner entrada = new Scanner(System.in);
7         System.out.print("Digite o valor A: ");
8         a = entrada.nextInt();
9         System.out.print("Digite o valor B: ");
10        b = entrada.nextInt();
11        if (a > b) {
12          System.out.println("A = " + a + ", B = " + b +
13                          ", A é maior que B");
14        } else {
15           if (a == b) {
16             System.out.println("A = " + a + ", B = " + b +
17                          ", A é igual a B");
18           } else {
19             System.out.println("A = " + a + ", B = " + b +
20                          ", A é menor que B");
21           }
22        }
23     }
24 }
```

Comentários: Aqui temos duas novidades: o comando "**else**" que corresponde ao senão do pseudocódigo (observe as linhas 14 e 18). Tanto o então quanto o senão precisam dos delimitadores "{" e "}". E o operador "==" (linha 15), que serve para testar a igualdade entre dois valores, ou o conteúdo de duas variáveis.

7.6.3.8 Lê3Valores-determinaMaior:

```
1   // Lê 3 valores e imprime o maior deles
2   import java.util.Scanner;
3   public class Maior {
4       public static void main (String args[]) {
5       int a, b, c, maior;
6       Scanner entrada = new Scanner(System.in);
7       System.out.print("Digite o valor A: ");
8       a = entrada.nextInt();
9       System.out.print("Digite o valor B: ");
10      b = entrada.nextInt();
11      System.out.print("Digite o valor C: ");
12      c = entrada.nextInt();
13      maior = a;
14      if (b > maior) {
15         maior = b;
16      }
17      if (c > maior) {
18         maior = c;
19      }
20      System.out.println("O maior entre os valores lidos é = "
21                          + maior);
22   }
23 }
```

7.6.3.9 Lê3Valores-determinaMenor:

```
1   // Lê 3 valores e imprime o menor deles
2   import java.util.Scanner;
3   public class Menor {
4       public static void main (String args[]) {
5       int a, b, c, menor;
6       Scanner entrada = new Scanner(System.in);
7       System.out.print("Digite o valor A: ");
8       a = entrada.nextInt();
9       System.out.print("Digite o valor B: ");
10      b = entrada.nextInt();
11      System.out.print("Digite o valor C: ");
12      c = entrada.nextInt();
13      menor = a;
14      if (b < menor) {
15         menor = b;
16      }
```

```
17      if (c < menor) {
18          menor = c;
19      }
20      System.out.println("O menor entre os valores lidos é = "
21                          + menor);
22  }
23 }
```

7.6.3.10 LêValor-determinaParÍmpar:

```
1   // Lê um valor inteiro e imprime se é par ou ímpar
2   import java.util.Scanner;
3   public class ParOuImpar {
4       public static void main (String args[]) {
5       int valor;
6       Scanner entrada = new Scanner(System.in);
7       System.out.print("Digite um valor inteiro: ");
8       valor = entrada.nextInt();
9       if ((valor % 2) == 0) {
10          System.out.println("O número " + valor + " é par");
11      }else {
12          System.out.println("O número " + valor + " é ímpar");
13      }
14  }
15 }
```

Comentários: Observe a linha 9: o operador % retorna o resto da divisão do conteúdo da variável **valor** por 2. Em seguida, este resultado (resto) é comparado com zero (resto == 0). Se for igual a zero, será executado o comando da linha 10, senão será executado o comando da linha 12.

7.6.3.11 Lê100Valores-imprimeMédia:

```
1   // Lê 10 valores e imprime a média aritmética
2   // dos valores lidos
3   import java.util.Scanner;
4   public class MediaAritmetica {
5       public static void main (String args[]) {
6       int valor, soma, contador;
7       double media;
8       Scanner entrada = new Scanner(System.in);
9       contador = 0;
10      soma = 0;
11      do {
12              System.out.print("Digite um valor numérico: ");
```

146

```
13              valor = entrada.nextInt();
14              soma = soma + valor;
15              contador++;
16         }while (contador < 10);
17         media = (double)soma / 10;
18         System.out.println("A media aritmética dos 10 valores
19                            lidos = " + media);
20    }
21 }
```

Comentários: Observe a linha 17: a variável **soma** foi declarada como sendo do tipo inteiro (linha 6). O resultado da divisão de um valor inteiro por outro valor inteiro produz como resultado outro valor inteiro, porém a média normalmente é um valor real. Para conseguir um valor real ao se dividir inteiro por inteiro, basta que se "diga" à Java para tratar uma das variáveis inteiras como se ela fosse real (do tipo *double*). Para tanto, basta colocar a palavra *double* entre parênteses na frente da variável **soma**, e o resultado da divisão será um valor real. Este artifício é conhecido como *TypeCasts* (Conversões de tipos).

7.6.3.12 Lê100Valores-imprimeMédiaIntervalo:

```
1  // Ler 10 valores e imprime a média aritmética dos
2  // valores (lidos) pertencentes ao intervalo [40,60]
3  importjava.util.Scanner;
4  public class MediaAritmeticaIntervalo {
5     public static void main (String args[]) {
6        int valor, soma, cont, contador;
7        double media;
8        Scanner entrada = new Scanner(System.in);
9        contador = 0;
10       soma = 0;
11       cont = 0;
12       do {
13          System.out.print("Digite um valor numérico: ");
14          valor = entrada.nextInt();
15          if((valor >= 40) && (valor <= 60)){
16             soma = soma + valor;
17             cont++;
18          }
19          contador++;
20       }while (contador < 10);
21       if(cont > 0){
22          media = (double)soma / cont;
23          System.out.println("A média aritmética dos 10
24                             Valores do interv. [40,60] = "
```

```
25                        + media);
26          }else {
27              System.out.println("Não há valores no intervalo
28                            [40, 60]");
29          }
30      }
31  }
```

7.6.3.13 CalculaFatorial:

```
1   // Cálculo do fatorial de um dado número
2   import java.util.Scanner;
3   public class Fatorial {
4       public static void main (String args[]) {
5           int fatorial, i, n;
6
7           Scanner entrada = new Scanner(System.in);
8           System.out.print("Digite um número inteiro: ");
9           n = entrada.nextInt();
10          if(n == 0){
11            System.out.print("Fatorial de 0 = 1");
12          } else {
13          fatorial = 1;
14           i = 2;
15          while (i <= n) {
16                fatorial *= i;
17                i++;
18            }
19            System.out.println("Fatorial de " + n + " = " +
20                               fatorial);
21         }
22     }
23 }
```

Comentários:O comando enquanto (linha 15) possui a seguinte estrutura em Java:

```
while (condição) {
  ...comandos...
}
```

A linha 16: "**fatorial *= i**" é o mesmo que: "**fatorial = fatorial * i**".

7.6.3.14 Lê3Valores-ordenaValores:

```
1    // Lê 3 valores, imprime-os, coloca-os em ordem crescente
2    // e os imprime novamente (agora, ordenados).
3    import java.util.Scanner;
4    public class Ordena {
5        public static void main (String args[]) {
6            int a, b, c, temp;
7
8            Scanner entrada = new Scanner(System.in);
9            System.out.print("Digite o valor A: ");
10           a = entrada.nextInt();
11           System.out.print("Digite o valor B: ");
12           b = entrada.nextInt();
13           System.out.print("Digite o valor C: ");
14           c = entrada.nextInt();
15
16           System.out.println("\nA = " + a + ", B = " + b + ",
17                               C = "+ c);
18           // Colocando em ordem crescente
19           if (a > b){
20             temp = a;
21               a = b;
22               b = temp;
23           }
24           if (b > c){
25             temp = b;
26               b = c;
27               c = temp;
28           }
29           if (a > b){
30               temp = a;
31               a = b;
32               b = temp;
33           }
34
35           // Escrevendo os valores ordenados.
36           System.out.println("\nA = " + a + ", B = " + b + ",
37                               C = " + c);
38       }
39   }
```

Comentários: Observe a *string* passada como parâmetro para o método **println** (linhas 16 e 36): ela começa com \n; esta é uma das sequências de e*scape* que existem em Java. Ela não será impressa, serve apenas para inserir uma linha em branco, no ponto em que ela aparece no texto; neste caso, antes de imprimir a string. Veja a tabela 3, abaixo.

Tabela 3. Sequências de escape

Sequência de *escape*	Descrição
\b	*Backspace* (apagar caractere anterior).
\t	Insere uma tabulação (*tab*).
\n	Insere uma nova linha.
\r	Retorna o cursor para o início da linha atual.
\"	Insere um caractere aspa dupla.
\'	Insere um caractere aspa simples.
\\	Insere um caractere barra invertida.

Fonte: [Horstmann e Cornell, 2005, p. 30].

As sequências mais usadas são: \n e \t.

A = 3, B = 1, C = 2

A = 1, B = 2, C = 3

7.6.3.15 ReajusteSalarial:

```
1    /* Lê o nome do jogador e o salário atual e imprime o nome,
2    o salário atual e o salário reajustado. No final, imprime   3   o total de salário atual e o
     total de salário reajustado.*/
4    import java.util.Scanner;
5    public class TunaLuso {
6        public static void main (String args[]) {
7            double salario, salNovo, totSal, totSalNovo;
8            int i;
9            String nome;
10
11           Scanner entrada = new Scanner(System.in);
12
13           // Inicializar acumuladores.
14           totSal = 0;
15           totSalNovo = 0;
16           for(i = 1; i <= 6; i++){
17               System.out.print("\nDigite o nome do " + i +
18                                "º jogador: ");
19               nome = entrada.next();
20               System.out.print("Digite o salario do jogador: ");
21               salario = entrada.nextDouble();
22               if(salario <= 800){
23                   salNovo = 1.15 * salario;
24               }else{
```

```
25              if(salario <= 1500){
26                 salNovo = 1.10 * salario;
27              }else{
28                 if(salario <= 2000){
29                    salNovo = 1.05 * salario;
30                 }else{
31                    salNovo = salario;
32                 }
33              }
34          }
35          System.out.printf("%s\t%8.2f\t%8.2f\n", nome,
36                              salario, salNovo);
37          totSal += salario;
38          totSalNovo += salNovo;
39      }
40
41      // Escrever linha de totais.
42      System.out.printf("\nTotais: Salario %8.2f, Salario
43                          Novo %8.2f\n", totSal, totSalNovo);
44  }
45}
```

Comentários: Observe a declaração do comando "for" (para) na linha 16. O fecha chaves "}" na linha 39 corresponde ao fim-para. A estrutura do comando **for** é a seguinte:

```
for(inicialização; teste condicional; incremento){
    comandos...
}
```

Na **inicialização**, a variável de controle recebe o valor inicial; esta parte é executada apenas uma vez, na primeira interação. No código acima, a variável de controle (i) foi declarada no início do código (linha 6), mas poderia ter sido declarada na inicialização do laço. Para tanto, deve-se incluir o tipo **int** antes do nome da variável. Veja o exemplo abaixo.

```
for (int i = 1; i <= 6; i++)
```

Observe que, neste caso, a variável **i** existe apenas dentro do laço **for.** Se for preciso manter o valor da variável de controle após o fim do laço, deve-se declará-la antes dele, preferencialmente, no início do código.

A segunda parte da declaração do laço **for** é constituída pelo **teste condicional.** Esta parte é executada em todas as interações. Enquanto o resultado do teste for verdadeiro, os comandos que fazem parte do corpo do laço serão executados. No exemplo acima, o laço será executado enquanto o conteúdo da variável **i** for menor ou igual a 6.

A terceira parte é o **incremento da variável de controle;** esta parte é executada em todas as interações, com exceção da primeira.

Observe a utilização do método **printf** (linhas 35 e 42): ele serve para formatar a exibição de dados. O primeiro parâmetro da chamada ao método **printf** é uma *string* de formato que pode conter texto simples, especificadores de formato ou os dois juntos. Os demais parâmetros são variáveis cujos valores substituirão os especificadores de formato. Um especificador de formato inicia sempre com o símbolo de porcentagem % e, em seguida, uma letra que indica o tipo de dado que será exibido. Veja a tabela abaixo.

Especificador de formato	Tipo de dado para exibição
%s	*String* (letras minúsculas)
%S	*String* (letras maiúsculas)
%c	Caractere (minúsculo)
%C	Caractere (maiúsculo)
%d	Inteiro
%f	*Float*

Para especificar a largura de campo para exibição dos dados, podemos colocar um número entre o sinal de porcentagem e o caractere de conversão. No caso de números de ponto flutuante podemos especificar também a quantidade de casas decimais. Veja o exemplo, abaixo:

System.out.printf(**"%s\t%8.2f\t%8.2f\n"**, nome, salario, salNovo);

A *string* de formato começa com um especificador de formato **%s** que será substituído pelo conteúdo da variável **nome**, em seguida uma sequência de *escape* **\t**, ou seja, uma tabulação, em seguida um especificador de ponto flutuante com largura de cinco dígitos mais o separador "**.**" e duas casas decimais totalizando oito dígitos; este especificador será substituído pelo conteúdo da variável **salario**. Em seguida, mais uma tabulação e um novo especificador de formato (igual ao anterior) que será substituído pelo conteúdo da variável **salNovo** e uma sequência de *escape* para quebra de linha: **\n**.

7.6.3.16 ImprimeTermosSeqFibonacci:

```java
// Imprime os números da sequência de Fibonacci
// menores que 1000.
import java.util.Scanner;
public class Fibonacci1 {
    public static void main (String args[]) {
        int prim, termo, prox;

        Scanner entrada = new Scanner(System.in);

        prim = 0;
        termo = 1;
        System.out.print(prim + " ");
        while(termo < 1000){
            System.out.print(termo + " ");
            // Obtém o próximo termo da sequencia.
            prox = termo + prim;
            // Redefine o primeiro termo e o termo para
            // a próxima passada.
            prim = termo;
            termo = prox;
        }
    }
}
```

7.6.3.17 DeterminaSeValorPertenceSeqFibonacci:

```java
// Determina se dado valor numérico N lido pertence
// ou não à sequência de Fibonacci.
import java.util.Scanner;
public class Fibonacci2 {
    public static void main (String args[]) {
        int prim, termo, prox, n;

        Scanner entrada = new Scanner(System.in);

        System.out.print("Digite um valor inteiro: ");
        n = entrada.nextInt();
        if((n == 0) || (n == 1)){
            System.out.println(n + " pertence à sequência de
                                Fibonacci");
        }else{
            prim = 0;
            termo = 1;
            while(termo < n){
```

153

```
        // Obtém o próximo termo da sequência
        prox = termo + prim;
        // Redefine o primeiro termo e o termo
        // para a próxima passada.
        prim = termo;
        termo = prox;
      }
      if(termo == n){
        System.out.println(n + " pertence à sequência
                            de Fibonacci");
      }else{
        System.out.println(n + " não pertence à
                           Sequência de Fibonacci");
      }
    }
  }
}
```

7.6.3.18 DeterminaDadoTermoSeqFibonacci:

```
// Determina um dado termo da sequência de Fibonacci;
// o número de ordem do termo (N) é lido no início do
// algoritmo.
import java.util.Scanner;
public class Fibonacci3 {
  public static void main (String args[]) {
    int prim, termo, prox, n, cont;

    Scanner entrada = new Scanner(System.in);

    System.out.print("Digite o número de ordem do termo: ");
    n = entrada.nextInt();
    if(n == 1){
      System.out.println("O termo " + n + " é o 0");
    }else{
      if(n == 2){
      System.out.println("O termo " + n + " é o 1");
    }else{
      prim = 0;
      termo = 1;
      cont = 2;
      while(cont < n){
        // Obtém o próximo termo da sequência
        prox = termo + prim;
        // Redefine o primeiro termo e o termo
        // para a próxima passada.
        prim = termo;
        termo = prox;
        cont++;
      }
```

```java
        System.out.println("O termo " + n + " é " +
                            termo);
      }
    }
  }
}
```

7.6.3.19 SomaPrimeiros10TermosSeqFibonacci:

```java
// Obtém a soma dos primeiros dez termos da sequência
// de Fibonacci.
import java.util.Scanner;
public class Fibonacci4 {
    public static void main (String args[]) {
        int prim, termo, prox, cont, soma;

        Scanner entrada = new Scanner(System.in);

        prim = 0;
        termo = 1;
        cont = 2;
        soma = 1;
        while(cont < 10){
            // Obtém o próximo termo da sequência.
            prox = termo + prim;
            soma += prox;
            // Redefine o primeiro termo e o
            // termo para a próxima passada.
            prim = termo;
            termo = prox;
            cont++;
        }
        System.out.println("A soma dos 10 primeiros termos = "
                            + soma);
    }
}
```

7.6.3.20 ImprimeTermosIntervaloSeqFibonacci:

```java
// imprime os termos da sequência de Fibonacci
// entre 1000 e 2000.
import java.util.Scanner;
public class Fibonacci5 {
    public static void main (String args[]) {
        int prim, termo, prox;
```

```
        Scanner entrada = new Scanner(System.in);

        prim = 0;
        termo = 1;
        while(termo < 2000){
            if (termo > 1000){
                System.out.print(termo);
            }
            // Obtém o próximo termo da sequência.
            prox = termo + prim;

            // Redefine o primeiro termo e o
            // termo para a próxima passada.
            prim = termo;
            termo = prox;
        }
    }
}
```

7.6.3.21 SomaTermosIntervaloSeqFibonacci:

```
// Obtém a soma dos termos da sequência de Fibonacci
// entre 500 e 1000.
import java.util.Scanner;
public class Fibonacci6 {
    public static void main (String args[]) {
        int prim, termo, prox, soma;

        Scanner entrada = new Scanner(System.in);
        prim = 0;
        termo = 1;
        soma = 0;
        while(termo < 1000){
            if (termo > 500){
                soma += termo;
            }
            // Obtém o próximo termo da sequência.
            prox = termo + prim;

            // Redefine o primeiro termo e o
            // termo para a próxima passada.
            prim = termo;
            termo = prox;
        }
            System.out.println("A soma dos termos entre 500 e
                            1000 = " + soma);
    }
}
```

156

7.6.3.22 DeterminaTermosIntervaloSeqFibonacci:

```java
// Obtém os termos de ordem 50 até o de ordem 60
// da sequência de Fibonacci.
import java.util.Scanner;
public class Fibonacci7 {
    public static void main (String args[]) {
        int cont;
        long prim, prox, termo;
        Scanner entrada = new Scanner(System.in);

        prim = 0;
        termo = 1;
        cont = 2;
        while(cont <= 60){
            if (cont >= 50){
                System.out.print(termo + " ");
            }
            // Obtém o próximo termo da sequência.
            prox = termo + prim;

            // Redefine o primeiro termo e o
            // termo para a próxima passada.
            prim = termo;
            termo = prox;
            cont++;
        }
    }
}
```

7.6.3.23 SomaTermosIntervaloSeqFibonacci:

```java
// Obtém a soma dos termos de ordem 50 até o de
// ordem 60 da sequência de Fibonacci.
importjava.util.Scanner;
public class Fibonacci8 {
    public static void main (String args[]) {
        int cont;
        long prim, prox, termo, soma;

        Scanner entrada = new Scanner(System.in);

        prim = 0;
        termo = 1;
```

```
        cont = 2;
        soma = 0;
        while(cont <= 60){
            if (cont >= 50){
            soma += termo;
            }
            // Obtém o próximo termo da sequência.
            prox = termo + prim;

            // Redefine o primeiro termo e o
            // termo para a próxima passada.
            prim = termo;
            termo = prox;
            cont++;
        }
        System.out.println("A soma dos termos de ordem 50
                        a 60 = " + soma);
    }
}
```

7.6.3.24 LêDados-contaAlunos:

```
/* Lê o nome e três notas de 10 alunos do estado e
   determina quantos alunos têm média aritmética
   entre 9 e 10 (inclusive os extremos).*/
import java.util.Scanner;
public class MediaNotasEstadual {
    public static void main (String args[]) {

        int cont, i;
        double nota1, nota2, nota3, media;
        String nome;

        Scanner entrada = new Scanner(System.in);

        cont = 0;
        for(i = 1; i <= 10; i++){
            System.out.print("\nDigite o nome do " +
                            i + "º aluno: ");
            nome = entrada.next();
            System.out.print("Digite 1ª nota: ");
            nota1 = entrada.nextDouble();
            System.out.print("Digite 2ª nota: ");
            nota2 = entrada.nextDouble();
```

```
        System.out.print("Digite 3ª nota: ");
        nota3 = entrada.nextDouble();
        media = (nota1 + nota2 + nota3) / 3;
        if(media >= 9){
          cont++;
        }
    }
    System.out.println("\nNúmero de alunos com média
                        entre 9 e 10: " + cont);
  }
}
```

7.6.3.25 LêValor-decompõeCédulas:

```
/* Lê um dado valor numérico e o decompõe nas cédulas de
 R$ 50,00, R$ 10,00, R$ 5,00 e R$ 1,00. */
import java.util.Scanner;
public class Cedulas {
  public static void main (String args[]) {

  int valor; // contém valor lido
  int sobra; // contém o que sobrou com a retirada de
             // cédulas anterior
  int n50; // número de cédulas de R$ 50 contidas em valor
  int n10;// número de cédulas de R$ 10 contidas em valor
  int n5; // número de cédulas de R$ 5 contidas em valor
  int n1;// número de cédulas de R$ 1 contidas em valor

  Scanner entrada = new Scanner(System.in);
  System.out.print("Digite um valor inteiro positivo: ");
  valor   = entrada.nextInt();
  n50     = valor / 50;
  sobra   = valor % 50;
  n10     = sobra / 10;
  sobra   = sobra % 10;
  n5      = sobra / 5;
  n1      = sobra % 5;

  System.out.println("Valor Lido - R$ " + valor);
  System.out.println("Número de Cédulas de R$ 50,00 - "
                      + n50);
  System.out.println("Número de Cédulas de R$ 10,00 - "
                      + n10);
  System.out.println("Número de Cédulas de R$  5,00 - "
                      + n5);
  System.out.println("Número de Cédulas de R$  1,00 - "
                      + n1);
  }
}
```

7.6.3.26 Lê50Valores-decompõeCédulas:

```
/* Lê 10 valores numéricos e os decompõe nas cédulas de
R$ 50,00, R$ 10,00, R$ 5,00 e R$ 1,00. */
import java.util.Scanner;
public class Cedulas1 {
    public static void main (String args[]) {
        int valor;// contém valor lido
        int sobra; // contém o que sobrou com a retirada de
                    // cédulas anterior
        int n50;// número de cédulas de R$ 50 contidas em valor
        int n10;  // número de cédulas de R$ 10 contidas em valor
        int n5;   // número de cédulas de R$ 5 contidas em valor
        int n1;   // número de cédulas de R$ 1 contidas em valor
        // as variáveis seguintes serão usadas para fazer as
        // totalizações:
        int acVal;// acumula valor lido
        int acN50;// acumula cédulas de R$ 50 do valor lido
        int acN10; // acumula cédulas de R$ 10 do valor lido
        int acN5;  // acumula cédulas de R$ 5 do valor lido
        int acN1;  // acumula cédulas de R$ 1 do valor lido
        int cont;  // utilizada para controle da repetição

        // inicializa acumuladores
        acVal = 0;
        acN50 = 0;
        acN10 = 0;
        acN5  = 0;
        acN1  = 0;
        cont  = 0;

        Scanner entrada = new Scanner(System.in);

        // repetição para ler e processar os 10 valores
        do{
            System.out.print("Digite um valor inteiro
                              positivo: ");
            valor = entrada.nextInt();
            // calcula número de cédulas do valor lido
            n50    = valor / 50;
            sobra  = valor % 50;
            n10    = sobra / 10;
            sobra  = sobra % 10;
            n5     = sobra / 5;
            n1     = sobra % 5;
            // acumulações
            acVal += valor;
```

```
        acN50 += n50;
        acN10 += n10;
        acN5  += n5;
        acN1  += n1;
        cont++;
    }while (cont < 10);
    System.out.println("Total dos Valores Lidos - R$ "
                        + acVal);
    System.out.println("Número de Cédulas de R$ 50,00 - "
                        + acN50);
    System.out.println("Número de Cédulas de R$ 10,00 - "
                        + acN10);
    System.out.println("Número de Cédulas de R$  5,00 - "
                        + acN5);
    System.out.println("Número de Cédulas de R$  1,00 - "
                        + acN1);
    }
}
```

7.6.3.27 Lê50Valores-imprime:

```
/* Lê 15 valores numéricos e imprime a quantidade e a soma dos valores nas faixas de [100,150]
  e [200,299] */
import java.util.Scanner;
public class SomaIntervalos {
    public static void main (String args[]) {

        int n100_150;  // conta valores do intervalo [100, 150]
        int ac100_150; // acumula valores do intervalo [100, 150]
        int n200_299;  // conta valores do intervalo [200, 299]
        int ac200_299; // acumula valores do intervalo [200, 299]
        int valor;     // valor lido
        int cont;      // conta as repetições do laço do-while

    Scanner entrada = new Scanner(System.in);

    // inicializa contadores e acumuladores
    n100_150  = 0;
    ac100_150 = 0;
    n200_299  = 0;
    ac200_299 = 0;
    cont = 1;

    // repetição para ler e processar os 15 valores
    do{
```

```
System.out.print("Digite o " + cont + "º valor: ");
                  valor = entrada.nextInt();
// testa se valor lido pertence a um dos intervalos
if((valor >= 100) && (valor <= 150)){
    n100_150++;
    ac100_150 += valor;
}else{
    if((valor >= 200) && (valor <= 299)){
        n200_299++;
        ac200_299 += valor;
    }
}
cont++;
}while(cont <= 15);

System.out.println("Número de valores do intervalo
                  [100,150] - " + n100_150);
System.out.println("Total dos valores do intervalo
                  [100,150] - " + ac100_150);
System.out.println("Número de valores do intervalo
                  [200,299] - " + n200_299);
System.out.println("Total dos valores do intervalo
                  [200,299] - " + ac200_299);
}
}
```

7.6.3.28 LêRenda-imprimeTotaisPorFaixa:

```
/* Lê ler os dados (número do CPF e renda mensal) de um grupo
   de contribuintes do imposto de renda e imprime o numero de
   contribuintes para cada uma das 5 faixas  */
import java.util.Scanner;
public class ImpostoDeRenda {
    public static void main (String args[]) {
        long cpf;
        double renda;
        int faixa1, faixa2, faixa3, faixa4, faixa5, i;

        Scanner entrada = new Scanner(System.in);

        faixa1 = 0;
        faixa2 = 0;
        faixa3 = 0;
        faixa4 = 0;
        faixa5 = 0;
```

```
    for(i = 1; i <= 10; i++){
        System.out.print("Digite o nª do CPF do " + i +
                            "º contribuinte: ");
        cpf = entrada.nextLong();
        System.out.print("Digite a renda do " + i +
                            "º contribuinte: ");
        renda = entrada.nextDouble();
        if (renda <= 1434.59){
            faixa1++;
        }else{
            if(renda <= 2150){
                faixa2++;
        }else{
            if(renda <= 2866.70){
                faixa3++;
            }else{
                if (renda <= 3582){
                    faixa4++;
                }else{
                    faixa5++;
                }
            }
          }
        }
    }
    System.out.println("\nFaixa    'Nº de Contrib.");
    System.out.println("1            " + faixa1);
    System.out.println("2            " + faixa2);
    System.out.println("3            " + faixa3);
    System.out.println("4            " + faixa4);
    System.out.println("5            " + faixa5);
    }
}
```

7.6.3.29 Lê3Notas200Alunos-testa-imprimeVariação1

```
// Lê NOME, NOTA 1, NOTA 2, NOTA 3 de 10 alunos do estado
// e determina quantos alunos têm duas notas < 5.
import java.util.Scanner;
public class NotaAlunos01 {
    public static void main (String args[]) {
        int i, nota1, nota2, nota3, cont;
        String nome;

        Scanner entrada = new Scanner(System.in);
        cont = 0;
        for(i = 1; i <= 10; i++){
            System.out.print("\nDigite o nome do " +
```

```
                          i + "o aluno: ");
        nome = entrada.next();
        System.out.print("Digite 1ª nota: ");
        nota1 = entrada.nextInt();
        System.out.print("Digite 2ª nota: ");
        nota2 = entrada.nextInt();
        System.out.print("Digite 3ª nota: ");
        nota3 = entrada.nextInt();
        if(((nota1 < 5) && (nota2 < 5)) ||
           ((nota1 < 5) && (nota3 < 5)) ||
           ((nota2 < 5) && (nota3 < 5))) {
              cont++;
        }
     }
     System.out.println("\nNúmero de alunos com 2
        notas < 5 = " + cont);
  }
}
```

7.6.3.30 Lê3Notas200Alunos-testa-imprimeVariação2

// Lê NOME, NOTA 1, NOTA 2, NOTA 3 de 10 alunos do estado
// e determina quantos alunos têm as três notas < 5.
```
import java.util.Scanner;
public class NotaAlunos02 {
    public static void main (String args[]) {
        int i, nota1, nota2, nota3, cont;
        String nome;

        Scanner entrada = new Scanner(System.in);
        cont = 0;
        for(i = 1; i <= 10; i++){
            System.out.print("\nDigite o nome do " +
                             i + "º aluno: ");
            nome = entrada.next();
            System.out.print("Digite 1ª nota: ");
            nota1 = entrada.nextInt();
            System.out.print("Digite 2ª nota: ");
            nota2 = entrada.nextInt();
            System.out.print("Digite 3ª nota: ");
            nota3 = entrada.nextInt();
```

```
        if((nota1 < 5) && (nota2 < 5) && (nota3 < 5)) {
            cont++;
        }
    }
    System.out.println("\nNúmero de alunos com as 3
                        notas < 5 = " + cont);
    }
}
```

7.6.3.31 Lê3Notas200Alunos-testa-imprimeVariação3

```
// Lê NOME, NOTA 1, NOTA 2, NOTA 3 de 10 alunos do estado
// e determina quantos alunos têm pelo menos uma nota = 0.
import java.util.Scanner;
public class NotaAlunos03 {
    public static void main (String args[]) {
        int i, nota1, nota2, nota3, cont;
        String nome;

        Scanner entrada = new Scanner(System.in);
        cont = 0;
        for(i = 1; i <= 10; i++){
          System.out.print("\nDigite o nome do " +
                            i + "º aluno: ");
          nome = entrada.next();
           System.out.print("Digite 1ª nota: ");
           nota1 = entrada.nextInt();
           System.out.print("Digite 2ª nota: ");
           nota2 = entrada.nextInt();
           System.out.print("Digite 3ª nota: ");
           nota3 = entrada.nextInt();

           if((nota1 = 0) || (nota2 = 0) || (nota3 = 0)) {
             cont++;
           }
        }
    System.out.println("\nNúmero de alunos com pelos menos
                        uma nota igual a 0 = " + cont);
    }
}
```

7.6.3.32 Lê3Notas200Alunos-testa-imprimeVariação4

```java
// Lê NOME, NOTA 1, NOTA 2, NOTA 3 de 10 alunos do estado e   // determina quantos alunos
// têm média aritmética entre 9 e 10   // (inclusive os extremos).
import java.util.Scanner;
public class NotaAlunos04 {
    public static void main (String args[]) {
        int i, nota1, nota2, nota3, cont;
        String nome;
        double media;

        Scanner entrada = new Scanner(System.in);
        cont = 0;
        for(i = 1; i <= 10; i++){
            System.out.print("\nDigite o nome do " +
                              i + "º aluno: ");
            nome = entrada.next();
            System.out.print("Digite 1ª nota: ");
            nota1 = entrada.nextInt();
            System.out.print("Digite 2ª nota: ");
            nota2 = entrada.nextInt();
            System.out.print("Digite 3ª nota: ");
            nota3 = entrada.nextInt();

            media = (double)((nota1 + nota2 + nota3) / 3);
            if((media  >= 9) && (media <= 10)) {
                cont++;
            }
        }
        System.out.println("\nNúmero de alunos com média entre
                            9 e 10 = " + cont);
    }
}
```

7.6.3.33 Lê3Notas200Alunos-testa-imprimeVariação5

```java
/* Lê NOME, NOTA 1, NOTA 2, NOTA 3 de 10 alunos do estado e
   determina quantos alunos têm exatamente uma só nota menor
   que 5, quantos têm exatamente duas notas menores que
   5 e quantos têm as três notas menores que 5. */
import java.util.Scanner;
public class NotaAlunos05 {
    public static void main (String args[]) {
        int i, nota1, nota2, nota3, cont1n, cont2n, cont3n;
```

166

```java
String nome;
double media;

Scanner entrada = new Scanner(System.in);
cont1n = 0;
cont2n = 0;
cont3n = 0;
for(i = 1; i <= 10; i++){
  System.out.print("\nDigite o nome do " +
                    i + "º aluno: ");
  nome = entrada.next();
  System.out.print("Digite 1ª nota: ");
  nota1 = entrada.nextInt();
  System.out.print("Digite 2ª nota: ");
  nota2 = entrada.nextInt();
  System.out.print("Digite 3ª nota: ");
  nota3 = entrada.nextInt();

  if(((nota1 < 5) && (nota2 >= 5) && (nota3 >= 5)) ||
    ((nota2 < 5) && (nota1 >= 5) && (nota3 >= 5)) ||
    ((nota3 < 5) && (nota1 >= 5) && (nota2 >= 5))) {
        cont1n++;
  } else {
    if(((nota1 < 5) && (nota2 < 5) && (nota3 >= 5)) ||

      ((nota1 < 5) && (nota3 < 5) && (nota2 >= 5)) ||
      ((nota2 < 5) && (nota3 < 5) && (nota1 >= 5))) {
          cont2n++;
    } else {
      if((nota1 < 5) && (nota2 < 5) && (nota3 < 5)){
          cont3n++;
      }
    }
  }
}
System.out.println("\nNúmero de alunos com uma nota
                < 5: " + cont1n);
System.out.println("\nNúmero de alunos com duas notas
                < 5: " + cont2n);
System.out.println("\nNúmero de alunos com três notas
                < 5: " + cont3n);
  }
}
```

167

7.6.3.34 Exercícios Propostos: Faça a codificação dos algoritmos constantes da seção.

IMPLEMENTAÇÃO DE ALGORITMOS EM JAVA: USO DE VARIÁVEIS COMPOSTAS (ARRAYS UNIDIMENSIONAIS)

7.6.4.1 LêConjunto100Valores-imprime:

```
1 /* Lê um conjunto de 20 valores numéricos e determina
2    a soma dos valores do conjunto. */
3 import java.util.Scanner;
4 public class SomaConjunto {
5     public static void main (String[] args) {
6       int a[] = new int[20];
7         int i, soma;
8
9         Scanner entrada = new Scanner(System.in);
10        for (i = 0; i < 20; i++) {
11            System.out.print((i + 1) + "º valor: ");
12            a[i] = entrada.nextInt();
13        }
14
15        soma = 0;
16        for (i = 0; i < 20; i++) {
17            soma += a[i];
18        }
19        System.out.println("\nA soma dos valores do conjunto
20                            é = " + soma);
21    }
22 }
```

Comentários: No código acima, utilizou-se um conjunto de 20 elementos ao invés de 100, porém a lógica de funcionamento é a mesma.

Em Java, os *arrays* são objetos e, portanto, precisam ser "criados" ou instanciados. Veja abaixo a estrutura para criar *arrays*.

tipoDeDados nomeDoArray[] = new tipoDeDados[tamanhoDoArray];

Exemplo:

int nota[] = new int[10];

Cria um *array* de inteiros chamado **nota** com capacidade para 10 elementos. Veja a linha 6 no código acima.

168

Importante: em Java, o índice de um *array* inicia em 0 (zero) e não em 1. Sendo assim, o último elemento tem o índice igual ao tamanho do *array* menos um. Por isso, a variável de controle no laço **for** (linhas 10 e 16) varia de 0 a 19.

No código acima (linhas 10 e 16) utilizou-se um número inteiro, igual ao tamanho do array, como condição de parada para o laço **for**.

for(i = 0; i <**20**; i++)

Este procedimento possui uma desvantagem: se for preciso alterar o tamanho do array (linha 6) teremos que procurar e alterar esse valor em todas as linhas que façam referencia a quantidade de elementos (ou tamanho) do mesmo. No nosso exemplo teríamos que alterar apenas as linhas 10 e 16. Mas, na maioria das vezes essa tarefa costuma ser complicada e trabalhosa. Felizmente, todo array possui um método chamado *length* (tamanho) que retorna exatamente o seu tamanho (ou número de elementos).

Veja a formato para se usar o método *length:*

nomeDoArray.length

Exemplo de uso:

for(i = 0; i <**nota.length**; i++)

Desta forma, se for preciso mudar o tamanho do array (na declaração), não precisaremos nos preocupar com restante do código que faça referência ao mesmo. Nos próximos exercícios utilizaremos esse formato.

7.6.4.2 LêConjunto100Valores-imprimeSomaOrdemÍmpar:

```
/* Lê um conjunto de 20 valores numéricos e imprime a soma dos
valores dos elementos de número de ordem ímpar do conjunto. */
import java.util.Scanner;
public class SomaConjunto2 {
    public static void main (String[] args) {
        int a[] = new int[20];
        int i, soma;

        Scanner entrada = new Scanner(System.in);
        for (i = 0; i < a.length; i++) {
            System.out.print((i + 1) + "º valor: ");
```

```
        a[i] = entrada.nextInt();
    }

    soma = 0;
    for (i = 0; i <a.length; i += 2) {
        soma += a[i];
    }
    System.out.println("\nA soma dos elementos de número de
                            ordem ímpar é = " + soma);
    }
}
```

7.6.4.3 LêConjunto100Valores-imprimeSomaOrdemPar:

```
/* Lê um conjunto de 20 valores numéricos e imprime a soma dos
   valores dos elementos de número de ordem par do conjunto. */
import java.util.Scanner;
public class SomaConjunto3 {
    public static void main (String[] args) {
        int a[] = new int[20];
        int i, soma;

        Scanner entrada = new Scanner(System.in);
        for (i = 0; i < a.length; i++) {
            System.out.print((i + 1) + "º valor: ");
            a[i] = entrada.nextInt();
        }

        soma = 0;
        for (i = 1; i < a.length; i += 2) {
            soma += a[i];
        }
        System.out.println("\nA soma dos elementos de número de
                            ordem par é = " + soma);
    }
}
```

7.6.4.4 Lê1000Valores-imprimeMédia:

```
/* Lê um conjunto de 10 valores numéricos e imprime
   a média dos valores lidos. */
import java.util.Scanner;
public class MediaConjunto {
    public static void main (String[] args) {
```

170

```
   int a[] = new int[10];
   int i, soma;
   double media;
   Scanner entrada = new Scanner(System.in);
   for (i = 0; i < a.length; i++) {
     System.out.print((i + 1) + "° valor: ");
       a[i] = entrada.nextInt();
   }

   soma = 0;
   for (i = 0; i < a.length; i++) {
       soma += a[i];
   }
   media = (double)soma / 10;
   System.out.println("\nA média dos 10 valores é = "
                          + media);
   }
}
```

7.6.4.5 Lê1000Valores-testaMédiaAbaixoIgualAcima:

```
/* Lê um conjunto de 10 valores numéricos e imprime
   a quantidade valores acima, abaixo e igual à média. */
import java.util.Scanner;
public class MediaConjunto_2 {
    public static void main (String[] args) {
        int a[] = new int[10];
        int i, soma, abaixo, naMedia, acima;
        double media;
        Scanner entrada = new Scanner(System.in);
        for (i = 0; i < a.length; i++) {
          System.out.print((i + 1) + "° valor: ");
            a[i] = entrada.nextInt();
        }
        // Cálculo da média.
        soma = 0;
        for (i = 0; i < a.length; i++) {
          soma += a[i];
        }
        media = (double)soma / 10;
        // Determinação do número de valores abaixo,
        // na e acima da média.
        abaixo  = 0;
        naMedia = 0;
        acima   = 0;
```

```java
for (i = 0; i < a.length; i++) {
    if (a[i] < media){
        abaixo++;
    } else {
        if (a[i] == media){
            naMedia++;
        } else {
            acima++;
        }
    }
}
System.out.println("\nHá " + abaixo + " valores abaixo
                    da média");
System.out.println("\nHá " + naMedia + " valores iguais
                    à média");
System.out.println("\nHá " + acima + " valores acima da
                    média");
    }
}
```

7.6.4.6 Lê2Conjuntos-testa-imprimeResultados:

/ Lê um conjunto MAT de 10 elementos contendo os números
de matrícula de cada aluno de um colégio e outro conjunto
(NOTA) de mesmo tamanho contendo as notas (0-100) de cada
aluno. Calcula e imprime a quantidade de alunos:
Reprovados, Aprovados com Regular, Aprovados com Bom e
Aprovados com Excelente. */*

```java
import java.util.Scanner;
public class Conceitos {
    public static void main (String args[]) {
        int mat[] = new int[10];
        int nota[] = new int[10];
        int i, rep, apR, apB, apE;

        Scanner entrada = new Scanner(System.in);
        for(i = 0; i < mat.length; i++){
            System.out.print("Matrícula do " + (i + 1) + "º aluno: ");
            mat[i] = entrada.nextInt();
            System.out.print("Nota do " + (i + 1) + "º aluno: ");
            nota[i] = entrada.nextInt();
        }
        rep = 0;
        apR = 0;
        apB = 0;
        apE = 0;
```

```
        for(i = 0; i < mat.length; i++){
          if(nota[i] < 50){
            rep++;
          }else{
          if(nota[i] < 75){
             apR++;
           }else{
             if(nota[i] < 90) {
               apB++;
             }else{
               apE++;
               }
          }
        }
  }
  // Escreva contagens
  System.out.println("Número de Alunos Reprovados: " + rep);
  System.out.println("Número de Alunos Aprovados com R: " +
                        apR);
  System.out.println("Número de Alunos Aprovados com B: " +
                        apB);
  System.out.println("Número de Alunos Aprovados com E: " +
                        apE);
    }
}
```

7.6.4.7 Lê3Conjuntos-testa-imprimeResultados:

```
1   /* Lê matrícula, nota e sexo de 10 alunos. Armazena os dados
2      em conjuntos: mat, nota e sexo, e depois mostra o número de mulheres reprovadas e, o
       número de mulheres aprovadas com regular, bom e excelente. */
5   import java.util.Scanner;
6   public class ResultadoFinal {
7       public static void main (String args[]) {
8
9           int mat[] = new int[10];
10          int nota[] = new int[10];
11          String sexo[] = new String[10];
12          int rep, apR, apB, apE, i;
13
14          Scanner entrada = new Scanner(System.in);
15
16          for(i = 0; i < mat.length; i++){
17            System.out.print("Digite a matrícula do " + (i + 1)
18                              + "º aluno: ");
19            mat[i] = entrada.nextInt();
```

```
20          System.out.print("Digite a nota do " + (i + 1)
21                          + "º aluno: ");
22          nota[i] = entrada.nextInt();
23           System.out.print("Digite o sexo do " + (i + 1)
24                          + "º aluno [M/F]: ");
25          sexo[i] = entrada.next();
26        }
27        rep = 0;
28        apR = 0;
29        apB = 0;
30        apE = 0;
31        for(i = 0; i < mat.length; i++){
32          if((sexo[i].equals("F")) && (nota[i] < 50)){
33            rep++;
34          }else{
35            if((sexo[i].equals("F")) && (nota[i] < 75)){
36               apR++;
37            }else{
38               if((sexo[i].equals("F")) && (nota[i] < 90)){
39                 apB++;
40               }else{
41                 if(sexo[i].equals ("F")){
42                    apE++;
43                 }
44               }
45            }
46          }
47        }
48        // Escreva contagens
49        System.out.println("\nNúmero de mulheres reprovadas: "
50                          + rep);
51        System.out.println("Número de mulheres aprovadas com R: "
52                          + apR);
53        System.out.println("Número de mulheres aprovadas com B: "
54                          + apB);
55        System.out.println("Número de mulheres aprovadas com E: "
56                          + apE);
57      }
58    }
```

Comentários: Como o operador de igualdade "==" não serve para comparar o conteúdo de *strings*, deve-se utilizar o método **"equals"** (ou **"equalsIgnoreCase"** para ignorar se os caracteres são maiúsculas ou minúsculas). Veja as linhas 32, 35, 38 e 41 no código acima.

7.6.4.8 Lê3Conjuntos-testa-imprimeResultadosVariação1:

```java
/* Lê matrícula, nota e sexo de 10 alunos. Armazena os dados em
   3 conjuntos: mat, nota e sexo, e depois mostra: o percentual
   de homens e mulheres aprovados e reprovados. */
import java.util.Scanner;
public class PercentualResultado {
    public static void main (String args[]) {

        int mat[] = new int[10];
        int nota[] = new int[10];
        String sexo[] = new String[10];
        int hAp, hRep, mAp, mRep, i, noH, noM;
        float pctoHAp, pctoHRep, pctoMAp, pctoMRep;

        Scanner entrada = new Scanner(System.in);

        for(i = 0; i < mat.length; i++){
          System.out.print("Digite a matrícula do " + (i + 1)
                           + "º aluno: ");
          mat[i] = entrada.nextInt();
          System.out.print("Digite a nota do " + (i + 1)
                           + "º aluno: ");
          nota[i] = entrada.nextInt();
          System.out.print("Digite o sexo do " + (i + 1)
                           + "º aluno [M/F]: ");
          sexo[i] = entrada.next();
        }
        hAp  = 0;
        hRep = 0;
        mAp  = 0;
        mRep = 0;
        for(i = 0; i < mat.length; i++){
          if(sexo[i].equals("M")){
            if(nota[i] < 50){
              hRep++;
            }else{
              hAp++;
            }
          }else{
          if(nota[i] < 50){
              mRep++;
            }else{
              mAp++;
            }
          }
        }
```

```
      noH = hRep + hAp;
      noM = mRep + mAp;
      pctoHAp  = 100 * ((float)hAp / noH);
      pctoHRep = 100 * ((float)hRep / noH);
      pctoMAp  = 100 * ((float)mAp / noM);
      pctoMRep = 100 * ((float)mRep / noM);
      // Escreva percentuais
      System.out.println(); // imprime uma linha em branco.
      System.out.printf("%% de Homens Aprovados: %2.0f\n",
                        pctoHAp);
      System.out.printf("%% de Homens Reprovados: %2.0f\n",
                        pctoHRep);
      System.out.printf("%% de Mulheres Aprovadas: %2.0f\n",
                        pctoMAp);
      System.out.printf("%% de Mulheres Reprovadas: %2.0f\n",
                        pctoMRep);
   }
}
```

7.6.4.9 Lê3Conjuntos-testa-imprimeResultadosVariação2:

```
/* Lê matrícula, nota e sexo de 10 alunos. Armazena os dados
   em 3 conjuntos: mat, nota e sexo; e imprime um relatório
   de alunos reprovados. */
import java.util.Scanner;
public class RelatorioDeAlunosReprovados {
    public static void main (String args[]) {

        int mat[] = new int[10];
        int nota[] = new int[10];
        String sexo[] = new String[10];
        int i;

        Scanner entrada = new Scanner(System.in);

        for(i = 0; i < mat.length; i++){
          System.out.print("Digite a matrícula do " + (i + 1)
                        + "º aluno: ");
          mat[i] = entrada.nextInt();
           System.out.print("Digite a nota do " + (i + 1)
                        + "º aluno: ");
          nota[i] = entrada.nextInt();
          System.out.print("Digite o sexo do " + (i + 1)
                        + "º aluno [M/F]: ");
          sexo[i] = entrada.next();
```

```
        }

        System.out.println("\nRelação de Alunos Reprovados");

        for(i = 0; i < mat.length; i++){
           if(nota[i] < 50){
             System.out.println(mat[i]);
           }
        }

        System.out.println("***** Fim de Relatório *****");
    }
}
```

7.6.4.10 Lê3Conjuntos-testa-imprimeResultadosVariação3:

```
/* Lê matrícula, nota e sexo de 10 alunos. Armazena os dados
   em 3 conjuntos: mat, nota e sexo; e imprime:
   - Relação de Homens Reprovados
   - Quantidade de Homens Reprovados
   - Relação de Mulheres Reprovadas
   - Quantidade de Mulheres Reprovadas */
import java.util.Scanner;
public class RelatorioDeAlunosReprovados_2 {
    public static void main (String args[]) {

        int mat[] = new int[10];
        int nota[] = new int[10];
        String sexo[] = new String[10];
        int i, noAl;

        Scanner entrada = new Scanner(System.in);

        for(i = 0; i < mat.length; i++){
          System.out.print("Digite a matrícula do " + (i + 1) +
                            "º aluno: ");
          mat[i] = entrada.nextInt();
          System.out.print("Digite a nota do " + (i + 1) +
                            "º aluno: ");
          nota[i] = entrada.nextInt();
          System.out.print("Digite o sexo do " + (i + 1) +
                            "º aluno [M/F]: ");
          sexo[i] = entrada.next();
        }
```

```java
      System.out.println("\nRelação de Homens Reprovados");

      noAl = 0;
      for(i = 0; i < mat.length; i++){
        if ((sexo[i].equals("M")) && (nota[i] < 50)){
          System.out.println(mat[i]);
          noAl++;
        }
      }
      System.out.println("Número de Alunos Relacionados Acima: "
                          + noAl);

      System.out.println("\nRelação de Mulheres Reprovadas");
      noAl = 0;
      for(i = 0; i < mat.length; i++){
        if ((sexo[i].equals("F")) && (nota[i] < 50)){
          System.out.println(mat[i]);
          noAl++;
        }
      }
      System.out.println("Número de Alunas Relacionadas Acima: "
                          + noAl);
  }
}
```

7.6.4.11 Lê1000Valores-imprimeSomaOrdemParÍmpar:

```java
/* Lê um conjunto M com 20 valores e imprimir a
   soma dos elementos de ordem par e a soma
   dos elementos de ordem ímpar. */
import java.util.Scanner;
public class SomaParImpar {
   public static void main (String args[]) {

      int m[] = new int[20];
      int somaPar, somaImp, i;
      Scanner entrada = new Scanner(System.in);

      for(i = 0; i < m.length; i++){
        System.out.print((i + 1) + "º elemento: ");
        m[i] = entrada.nextInt();
      }
      somaPar = 0;
      for(i = 1; i < m.length; i = i + 2){
        somaPar = somaPar + m[i];
      }
      somaImp = 0;
      for(i = 0; i < m.length; i = i + 2){
```

178

```
            somaImp = somaImp + m[i];
        }
        System.out.println("Soma dos Elementos de Ordem Par = "
                        + somaPar);
        System.out.println("Soma dos Elementos de Ordem Ímpar = "
                        + somaImp);
    }
}
```

7.6.4.12 Lê2Conjuntos-soma-imprime:

```
/* Lê dois conjuntos A e B com 15 valores cada um,
  e cria um conjunto C com a soma dos valores de A e B. */
import java.util.Scanner;
public class SomaConjuntos {
    public static void main (String[] args) {
        int a[] = new int[15];
        int b[] = new int[15];
        int c[] = new int[15];
        Scanner entrada = new Scanner(System.in);
        System.out.println("Conjunto A:");
        for (int i = 0; i < a.length; i++) {
            System.out.print((i + 1) + "º elemento: ");
            a[i] = entrada.nextInt();
        }
        System.out.println("\nConjunto B:");
        for (int i = 0; i < b.length; i++) {
            System.out.print((i + 1) + "º elemento: ");
            b[i] = entrada.nextInt();
        }
        for (int i = 0; i < c.length; i++) {
            c[i] = a[i] + b[i];
        }
        System.out.println("\nConjunto C:");
        for (int i = 0; i < c.length; i++) {
            System.out.print(c[i] + " ");
        }
    }
}
```

7.6.4.13 Lê2Conjuntos-intercalaPorOrdem-imprime:

```
/* Lê dois conjuntos A e B com 10 valores cada um e produz
  um conjunto C com 20 valores, de modo que A(1) e B(1)
  sejam colocados em C nas posições 1 e 2, A(2) e B(2)
  sejam colocados em C nas posições 3 e 4, ..., A(10) e B(10)
  sejam colocados em C nas posições 19 e 20. */
```

179

```java
import java.util.Scanner;
public class IntercalarConjuntos {
    public static void main (String[] args) {
        int a[] = new int[10];
        int b[] = new int[10];
        int c[] = new int[20];
        Scanner entrada = new Scanner(System.in);
        System.out.println("Conjunto A:");
        for (int i = 0; i < a.length; i++) {
            System.out.print((i + 1) + "° elemento: ");
            a[i] = entrada.nextInt();
        }
        System.out.println("\nConjunto B:");
        for (int i = 0; i < b.length; i++) {
            System.out.print((i + 1) + "° elemento: ");
            b[i] = entrada.nextInt();
        }
        for (int i = 0; i < a.length; i++) {
            c[((i - 1) * 2) + 2] = a[i];
            c[((i - 1) * 2) + 3] = b[i];
        }
        System.out.println("\nConjunto C:");
        for (int i = 0; i < c.length; i++) {
            System.out.print(c[i] + " ");
        }
    }
}
```

7.6.4.14 Lê2Conjuntos-intercala-imprime:

```java
/* Lê dois conjuntos A e B com 15 valores cada (considerando
   que os valores dos dois conjuntos se encontram ordenados
   crescentemente), e cria um conjunto C resultante da
   intercalação dos dois conjuntos, de modo que o conjunto
   resultante fique ordenado crescentemente. */
import java.util.Scanner;
public class IntercalarConjuntos_2 {
    public static void main (String[] args) {
        int a[] = new int[15];
        int b[] = new int[15];
        int c[] = new int[30];
        int l, k, i, j;
        Scanner entrada = new Scanner(System.in);
        System.out.println("Conjunto A:");
        for (i = 0; i < a.length; i++) {
            System.out.print((i + 1) + "° elemento: ");
            a[i] = entrada.nextInt();
        }
```

```
System.out.println("\nConjunto B:");
for (i = 0; i < b.length; i++) {
   System.out.print((i + 1) + "º elemento: ");
   b[i] = entrada.nextInt();
}
k = 0;
i = 0;
j = 0;
while((i < a.length) && (j < a.length)){
   if (a[i] > b[j]){
     c[k] = b[j];
   j++;
   }else{
   c[k] = a[i];
   i++;
   }
     k++;
   }
   if(i == a.length){
     for (l = j; l < a.length; l++) {
        c[k] = b[l];
   k++;
   }
   }else{
      if(j == a.length){
      for (l = i; l < a.length; l++){
           c[k] = a[l];
           k++;
           }
       }
   }
   System.out.println("Conjunto Ordenado:");
   for (i = 0; i < c.length; i++) {
       System.out.print(c[i] + " ");
   }
 }
}
```

7.6.4.15 LêDados200Alunos-calculaMediaTesta-imprime1:

/* *Lê os dados de 10 alunos de um colégio, determina e imprime*
a média das notas de cada aluno. No final, informa quantos
alunos obtiveram nota igual a zero na NOTA1, na NOTA2 e na
NOTA3. Informa também quantos obtiveram nota igual a 10 na
*NOTA1, na NOTA2 e na NOTA3. */*

```java
import java.util.Scanner;
public class MediaNota {
    public static void main (String[] args) {
        String nome[] = new String[10];
        double nota1[] = new double[10];
        double nota2[] = new double[10];
        double nota3[] = new double[10];
        double media;
        int i, noZero1, noZero2, noZero3;
        int no101, no102, no103;

        Scanner entrada = new Scanner(System.in);
        for (i = 0; i < nome.length; i++) {
            System.out.print("Nome do " + (i + 1) + "º aluno: ");
            nome[i] = entrada.next();
            System.out.print("1ª nota: ");
            nota1[i] = entrada.nextDouble();
            System.out.print("2ª nota: ");
            nota2[i] = entrada.nextDouble();
            System.out.print("3ª nota: ");
            nota3[i] = entrada.nextDouble();
        }

        noZero1 = 0;
        noZero2 = 0;
        noZero3 = 0;
        no101 = 0;
        no102 = 0;
        no103 = 0;

        for (i = 0; i < nome.length; i++) {
          media = (nota1[i] + nota2[i] + nota3[i]) / 3;
           if (nota1[i] == 0.0){
              noZero1++;
          } else {
              if (nota1[i] == 10.0){
                 no101++;
              }
          }
```

```
      if (nota2[i] == 0.0){
         noZero2++;
   } else {
         if (nota2[i] == 10.0){
            no102++;
      }
   }
   if (nota3[i] == 0.0){
      noZero3++;
   } else {
      if (nota3[i] == 10.0){
         no103++;
      }
   }
   System.out.println(nome[i] + ": " + media);
}
System.out.println("Número de Alunos com 0 na NOTA 1 = "
                   + noZero1);
System.out.println("Número de Alunos com 0 na NOTA 2 = "
                   + noZero2);
System.out.println("Número de Alunos com 0 na NOTA 3 = "
                   + noZero3);
System.out.println("Número de Alunos com 10 na NOTA 1 = "
                   + no101);
System.out.println("Número de Alunos com 10 na NOTA 2 = "
                   + no102);
System.out.println("Número de Alunos com 10 na NOTA 3 = "
                   + no103);
   }
}
```

7.6.4.16 LêDados200Alunos-calculaMediaTesta-imprime2:

```
/* Lê os dados de 10 alunos de um colégio, determinae imprime
   a média da NOTA1 dos 10 alunos; o mesmo para a NOTA2 e para
   a NOTA3. */
import java.util.Scanner;
public class MediaNota_2 {
    public static void main (String[] args) {
        String nome[] = new String[10];
        double nota1[] = new double[10];
        double nota2[] = new double[10];
        double nota3[] = new double[10];
        double somaN1, somaN2, SomaN3;
        double mediaN1, mediaN2, mediaN3;
        int i;
```

183

```java
    Scanner entrada = new Scanner(System.in);
    for (i = 0; i < nome.length; i++) {
        System.out.print("Nome do " + (i + 1) + "º aluno: ");
        nome[i] = entrada.next();
      System.out.print("1ª nota: ");
    nota1[i] = entrada.nextDouble();
        System.out.print("2ª nota: ");
        nota2[i] = entrada.nextDouble();
        System.out.print("3ª nota: ");
        nota3[i] = entrada.nextDouble();
    }

    somaN1 = 0;
    somaN2 = 0;
    somaN3 = 0;

    for (i = 0; i < nome.length; i++) {
        somaN1 += nota1[i];
        somaN2 += nota2[i];
        somaN3 += nota3[i];
    }
    mediaN1 = somaN1 / 10;
    mediaN2 = somaN2 / 10;
    mediaN3 = SomaN3 / 10;

    System.out.println("Média da NOTA1 = " + mediaN1);
    System.out.println("Média da NOTA2 = " + mediaN2);
    System.out.println("Média da NOTA3 = " + mediaN3);
  }
}
```

7.6.4.17 LêDados200Alunos-calculaMediaDasMédias-imprime:

```java
/* Lê os dados de 10 alunos de um colégio, determina e
   imprime a média das médias das notas dos alunos */
import java.util.Scanner;
public class MediaDasMedias {
    public static void main (String[] args) {
        String nome[] = new String[10];
        double nota1[] = new double[10];
        double nota2[] = new double[10];
        double nota3[] = new double[10];
        double med, somaMed, medMed;
        int i;

        Scanner entrada = new Scanner(System.in);
        for (i = 0; i < nome.length; i++) {
```

```java
        System.out.print("Nome do " + (i + 1) + "º aluno: ");
        nome[i] = entrada.next();
      System.out.print("1ª nota: ");
        nota1[i] = entrada.nextDouble();
        System.out.print("2ª nota: ");
        nota2[i] = entrada.nextDouble();
        System.out.print("3ª nota: ");
        nota3[i] = entrada.nextDouble();
      }

      somaMed = 0;
      for (i = 0; i < nome.length; i++) {
        med = (nota1[i] + nota2[i] + nota3[i]) / 3;
        somaMed += med;
      }
      medMed = somaMed / 10;
      System.out.println("Média das Médias dos Alunos = "
                              + medMed);
  }
}
```

7.6.4.18 LêDados200Alunos-contaAprovados-imprime:

```java
/* Lê os dados de 10 alunos de um colégio, determina
   quantos alunos obtiveram aprovação no semestre.
   Obs.: média para aprovação >= 5,0 */
import java.util.Scanner;
public class QtdeAprovacao {
    public static void main (String[] args) {
        String nome[] = new String[10];
        double nota1[] = new double[10];
        double nota2[] = new double[10];
        double nota3[] = new double[10];
        double media;
        int i, noAprov;

        Scanner entrada = new Scanner(System.in);
        for (i = 0; i < nome.length; i++) {
          System.out.print("Nome do " + (i + 1) + "º aluno: ");
          nome[i] = entrada.next();
        System.out.print("1ª nota: ");
          nota1[i] = entrada.nextDouble();
          System.out.print("2ª nota: ");
          nota2[i] = entrada.nextDouble();
          System.out.print("3ª nota: ");
          nota3[i] = entrada.nextDouble();
        }
```

```
      noAprov = 0;

   for (i = 0; i < nome.length; i++) {
      media = (nota1[i] + nota2[i] + nota3[i]) / 3;
      if (media >= 5.0) {
         noAprov++;
      }
   }
   System.out.println("Número de Alunos Aprovados = "
                        + noAprov);
   }
}
```

7.6.4.19 Lê2Conjuntos-testa-imprime:

```
/* Lê um conjunto MAT de 10 elementos contendo os números
   de matrícula de cada aluno de um colégio e outro conjunto
   (ESTADO CIVIL) de mesmo tamanho contendo o código do
   estado civil de cada aluno. Calcula e imprime a quantidade
   de alunos:Solteiros, Casados, Viúvos, Divorciados e
   Amasiados. */
import java.util.Scanner;
public class EstadoCivil {
    public static void main (String[] args) {
        int mat[] = new int[15];
        int estCivil[] = new int[15];
        int solt, cas, viuvo, divor, amas;

        Scanner entrada = new Scanner(System.in);
        for (int i = 0; i < mat.length; i++) {
            System.out.print("Matrícula do " + (i + 1) +
                               "º aluno: ");
            mat[i] = entrada.nextInt();
            System.out.print("Código do Estado Civil: ");
            estCivil[i] = entrada.nextInt();
        }

        solt  = 0;
        cas   = 0;
        viuvo = 0;
        divor = 0;
        amas  = 0;

        for (int i = 0; i < mat.length; i++) {
            if (estCivil[i] == 0) {
               solt++;
            } else {
               if (estCivil[i] == 1) {
                     cas++;
```

```
        } else {
                if (estCivil[i] == 2) {
                    viuvo++;
                } else {
                    if (estCivil[i] == 3) {
                        divor++;
                    } else {
                        amas++;
                    }
                }
            }
        }
    }
    System.out.println("Número de Alunos Solteiros = " + solt);
    System.out.println("Número de Alunos Casados = " + cas);
    System.out.println("Número de Alunos Viúvos = " + viuvo);
    System.out.println("Número de Alunos Divorciados = " +
                            divor);
    System.out.println("Número de Alunos Amasiados = " + amas);
    }
}
```

7.6.4.20 Lê2Conjuntos-imprimeCasados:

/* Lê um conjunto MAT de 10 elementos contendo os números de matrícula de cada aluno de um colégio e outro conjunto (ESTADO CIVIL) de mesmo tamanho contendo o código do estado civil de cada aluno. Imprime uma listagem somente com os alunos casados. */

```
import java.util.Scanner;
public class EstadoCivil_2 {
    public static void main (String[] args) {
        int mat[] = new int[15];
        int estCivil[] = new int[15];

        Scanner entrada = new Scanner(System.in);
        for (int i = 0; i < mat.length; i++) {
            System.out.print("Matrícula do " + (i + 1) +
                                "° aluno: ");
            mat[i] = entrada.nextInt();
            System.out.print("Código do Estado Civil: ");
            estCivil[i] = entrada.nextInt();
        }
```

```
    System.out.println("\nRelação de Alunos casados.");
    for (int i = 0; i < mat.length; i++) {
     if (estCivil[i] == 1) {
        System.out.println(mat[i]);
      }
    }
    System.out.println("*****Fim de Relatório*****");
  }
}
```

7.6.4.21 Lê1000Valores-imprimeMenorMaiorFreq:

```
/* Lê 20 valores, determina (e imprime) o maior entre eles,
   o menor entre eles e a frequência de aparecimento de cada. */
import java.util.Scanner;
public class MaiorFrequencia {
    public static void main (String[] args) {
        int a[] = new int[20];
        int i, maior, menor, frMaior, frMenor;

        Scanner entrada = new Scanner(System.in);
        for (i = 0; i < a.length; i++) {
            System.out.print((i + 1) +
                              "° valor: ");
          a[i] = entrada.nextInt();
        }

        maior = a[0];
        menor = a[0];
        frMaior = 1;
        frMenor = 1;
        for (i = 1; i < a.length; i++) {
        if (a[i] > maior) {
            maior = a[i];
                frMaior = 1;
          } else {
            if (a[i] == maior) {
                    frMaior++;
          }
          }
          if (a[i] < menor) {
            menor = a[i];
                frMenor = 1;
          } else {
```

```
            if (a[i] == menor) {
                    frMenor++;
                }
        }
    }

    System.out.println("\nO maior entre os valores lidos é =
            " + maior);
    System.out.println("Frequência de aparecimento do maior
            valor = " + frMaior);
    System.out.println("O menor entre os valores lidos é = " +
            menor);
    System.out.println("Frequência de aparecimento do menor
            valor = " + frMenor);
    }
}
```

7.6.4.22 Lê1000Valores-imprimePorFaixa:

```
/* Lê 20 valores, determina (e imprime) o número de valores
   de cada faixa:
   [X < 100]; [100 <= X < 200]; [200 <= X < 500]; [X >= 500]; */
import java.util.Scanner;
public class FaixaValor {
    public static void main (String[] args) {
        int a[] = new int[20];
        int i, faixa1, faixa2, faixa3, faixa4;

        Scanner entrada = new Scanner(System.in);
        for (i = 0; i < a.length; i++) {
        System.out.print((i + 1) + "º valor: ");
          a[i] = entrada.nextInt();
        }

        faixa1 = 0;
        faixa2 = 0;
        faixa3 = 0;
        faixa4 = 0;
        for (i = 0; i < a.length; i++) {
        if (a[i] < 100) {
                faixa1++;
          } else {
           if (a[i] < 200) {
                    faixa2++;
```

```
        } else {
         if (a[i] < 500) {
                faixa3++;
         } else {
                faixa4++;
         }
       }
        }
        }
     System.out.println("\nFaixa\t\t\tNo. de ocorrências");
     System.out.println("X < 100\t\t\t\t" + faixa1);
     System.out.println("100 <= X < 200\t\t" + faixa2);
     System.out.println("200 <= X < 500\t\t" + faixa3);
     System.out.println("X >= 500\t\t\t" + faixa4);
   }
}
```

7.6.4.23 Lê5Valores-ordena-imprime:

```
/* Lê 5 valores, imprime-os, ordena-os e
  imprime-os ordenados. */
import java.util.Scanner;
public class Ordena {
    public static void main (String[] args) {
        int a[] = new int[5];
        int i, temp;
        boolean troca;

        Scanner entrada = new Scanner(System.in);
        for (i = 0; i < a.length; i++) {
        System.out.print((i + 1) + "º valor: ");
          a[i] = entrada.nextInt();
        }

        System.out.print("\nValores desordenados = ");
        for (i = 0; i < a.length; i++) {
            System.out.print(a[i] + " ");
        }
        // Colocando em ordem crescente
        troca = true;
        while (troca){
            troca = false;
            for (i = 0; i < (a.length - 1); i++){
              if (a[i] > a[i+1]){
```

190

```
            temp = a[i];
            a[i] = a[i+1];
            a[i+1] = temp;
            troca = true;
          }
        }
      }
      // valores ordenados.
      System.out.print("\nValores ordenados = ");
      for (i = 0; i < a.length; i++) {
          System.out.print(a[i] + " ");
      }
    }
}
```

7.6.4.24 Lê1000Valores-ordena-imprime:

Este exercício difere do anterior (7.6.4.23) apenas pelo número de elementos do conjunto. Sendo necessário alterar somente esta linha de código:
int a[] = new int[5];

7.6.4.25 Lê1000Valores-calculaMedidasEstatísticas-imprime:

```
01  /* Dado um conjunto de 30 valores de entrada (ordenados   *
02   * crescentemente), calcular e imprimir as seguintes medidas*
03   * estatísticas: a) Média aritmética; b) Moda; c) Mediana;  *
04   * d) Desvio Padrão.                          */
05  import java.util.Scanner;
06  public class MedidasEstatisticas {
07     public static void main (String args[]) {
08
09         int a[] = new int[30];
10         int valor[] = new int[30]; //guarda valores diferentes
11                           //do conjunto A
12         int freq[] = new int[30]; //guarda a frequência dos
13                           //valores armazenados em valor
14         int i, k, j, maior, ordem, moda;
15         int tam;            //número de elementos do array VALOR
16         double mediaArit; // média aritmética
17         double dp;          //desvio padrão
18         double soma, somaVal, mediana;
19         boolean achou;
20
```

```
21        Scanner entrada = new Scanner(System.in);
22        for(i = 0; i < a.length; i++){
23          System.out.print((i + 1) + "º elemento: ");
24          a[i] = entrada.nextInt();
25        }
26        /* Cálculo da média aritmética */
27        somaVal = 0;
28        for(i = 0; i < a.length; i++){
29          somaVal += a[i];
30        }
31        mediaArit = somaVal / a.length; // A propriedade "length"
32                                        // armazena a quantidade
33                                        // de elementos do
34                                        // conjunto 'a'. Neste
35                                        // caso: 30
36          /* Cálculo da moda */
37        j = -1;
38        valor[0] = a[0];   //guarda o primeiro valor em 'valor'
39        freq[0] = 1;      //frequência do primeiro valor
40        tam = 1;          //tamanho do primeiro valor
41        for(i = 1; i < a.length; i++){
42          j++;
43          if(a[i] == valor[j]){
44            freq[j]++;
45            j = -1;
46          }else{
47            achou = false;
48            for(k = 0; k < tam; k++){
49              if(a[i] == valor[k]){
50                freq[k]++;
51                achou = true;
52                j = -1;
53              }
54            }
55            if(!achou){
56              valor[tam] = a[i];
57              freq[tam] = 1;
58              tam++;
59              j = -1;
60            }
61          }
62        }
63
64        // Vamos determinar o maior entre os valores do array 'freq'
65        // O valor respectivo em VALOR é a MODA.
```

```
66
67      maior = freq[0];
68      ordem = 0;
69      for(i = 1; i < tam; i++){
70          if(freq[i] > maior){
71              maior = freq[i];
72              ordem = i;
73          }
74      }
75      moda = valor[ordem];
76
77          /* Cálculo da mediana */
78      i = a.length / 2;
79      if(a.length % 2 == 0){
80          mediana = (a[i-1] + a[i]) / 2.0;
81      }else{
82          mediana = a[i];
83      }
84
85          /* Cálculo do desvio padrão */
86      soma = 0;
87      for(i = 0; i < a.length; i++){
88          soma = soma + Math.pow(a[i]-mediaArit,2)/a.length;
89      }
90      dp = Math.sqrt(soma);
91
92          /* Imprimir os resultados */
93      System.out.println("Média aritmética: " + mediaArit);
94      System.out.println("Moda: " + moda);
95      System.out.println("Mediana: " + mediana);
96      System.out.println("Desvio padrão: " + dp);
97  }
98 }
```

Comentários:A biblioteca de java fornece vários métodos prontos para cálculos matemáticos; esses métodos estão disponíveis na classe **Math**. No programa acima utilizamos dois deles: **Math.pow(x,y)**, calcula a potência de x elevado a y (veja a linha 88); e **Math.sqrt(x)**, para calcular a raiz quadrada de x (veja a linha 90).

Outros métodos da classe Math:
Math.abs(x)   : retorna o valor absoluto de x.
Math.sin(x)   : retorna o seno de x.

Math.cos(x)   : retorna o co-seno de x.
Math.tan(x)   : retorna a tangent de x.
Math.ceil(x)   : arredonda x "para cima".
Math.floor(x) : arredonda x "para baixo".
Math.PI: retorna o valor da constante PI

Obs.: os métodos acima aceitam argumentos do tipo double e retornam valores, também, do tipo double.

IMPLEMENTAÇÃO DE ALGORITMOS EM JAVA: USO DE VARIÁVEIS COMPOSTAS (ARRAYS BIDIMENSIONAIS OU MATRIZES)

7.6.5.1 LêMatrizes-montaSoma-imprime:

```
01 /* Lê duas matrizes A e B com dimensões 5x4 e constrói
02 uma matriz C que contém a soma dos elementos correspondentes
03 de A e B. No final, imprime as três matrizes. */
04 import java.util.Scanner;
05 public class SomaMatrizes {
06    public static void main (String args[]) {
07
08       int a[][] = new int[5][4];
09       int b[][] = new int[5][4];
10       int c[][] = new int[5][4];
11       int i, j;
12
13       Scanner entrada = new Scanner(System.in);
14       // Ler os valores para a matriz A
15       System.out.println("\nDigite os valores para a
16                           matriz A:");
17       for(i = 0; i < a.length; i++){
18         for(j = 0; j < a[i].length; j++){
19         System.out.print("[" + i + "][" + j + "]: ");
20         a[i][j] = entrada.nextInt();
21         }
22       }
23       // Ler os valores para a matriz B
24       System.out.println("\nDigite os valores para a
25                           matriz B:");
```

```
26      for(i = 0; i < b.length; i++){
27        for(j = 0; j < b[i].length; j++){
28            System.out.print("[" + i + "][" + j + "]: ");
29            b[i][j] = entrada.nextInt();
30          }
31      }
32      // Soma os valores das matrizes A e B
33      for(i = 0; i < c.length; i++){
34        for(j = 0; j < c[i].length; j++){
35            c[i][j] = a[i][j] + b[i][j];
36        }
37      }
38      // Imprimir a matriz A
39      System.out.println("\nMatriz A:");
40      for(i = 0; i < a.length; i++){
41        for(j = 0; j < a[i].length; j++){
42          System.out.print(a[i][j] + " ");
43        }
44          System.out.print("\n");
45      }
46      // Imprimir a matriz B
47      System.out.println("\nMatriz B:");
48      for(i = 0; i < b.length; i++){
49        for(j = 0; j < b[i].length; j++){
50          System.out.print(b[i][j] + " ");
51        }
52          System.out.print("\n");
53      }
54      // Imprimir a matriz C
55      System.out.println("\nMatriz C:");
56      for(i = 0; i < c.length; i++){
57        for(j = 0; j < c[i].length; j++){
58          System.out.print(c[i][j] + " ");
59        }
60          System.out.print("\n");
61      }
62    }
63 }
```

Comentários: Matrizes são coleções ou conjuntos de *arrays* e, portanto, precisam ser declaradas e instanciadas. Veja abaixo a estrutura para criar (declarar e instanciar) matrizes:

195

tipoDeDados nomeDaMatriz[][] = new tipoDeDados[Nº de linhas][Nº de colunas];

Exemplo:

int nota[][] = new int[10][20];

Cria uma matriz de inteiros chamada **nota** com 10 linhas e 20 colunas, possuindo, portanto, capacidade para 200 elementos (10x20).

Veja as linhas 8, 9 e 10 no código acima.

Importante: o índice de linhas varia de 0 até quantidade de linhas menos 1, assim como o índice de colunas varia de 0 até a quantidade de colunas menos 1.

Para acessar os dados de uma matriz, deve-se utilizar dois laços **for** aninhados. Um externo para fazer a varredura das linhas e outro interno para fazer a varredura das colunas. Veja o exemplo, abaixo:

```
for(linha = 0; linha < matriz.length; linha++){
    for(coluna = 0; coluna < matriz[linha].length; coluna++){
        matriz[linha][coluna] = entrada.nextInt();
    -}
}
```

O método **length** (tamanho) retorna a quantidade de elementos.

matriz.length retorna a quantidade de linhas da matriz.

matriz[linha].length retorna a quantidade de colunas.

7.6.5.2 LêMatriz-montaArray-imprime1:

```
/* Lê uma matriz 5x4 e coloca os elementos da matriz,
   linha a linha, em um array unidimensional. No final,
   imprime a matriz e o array. */
import java.util.Scanner;
public class DeMatrizParaArray {
    public static void main (String args[]) {

        int mat[][] = new int[5][4];
        int vetor[] = new int[20];
        int i, j;

        Scanner entrada = new Scanner(System.in);
        // Ler os valores para a matriz
        System.out.println("\nDigite os valores para a matriz:");
        for(i = 0; i < mat.length; i++){
            for(j = 0; j < mat[i].length; j++){
                System.out.print("[" + i + "][" + j + "]: ");
            mat[i][j] = entrada.nextInt();
```

196

```
    }
  }
  // Copia os elementos da matriz para o array
  for(i = 0; i < mat.length; i++){
     for(j = 0; j < mat[i].length; j++){
     vetor[(i * mat[i].length) + j] = mat[i][j];
     }
  }

  // Imprime a matriz
  System.out.println("\nMatriz:");
  for(i = 0; i < mat.length; i++){
     for(j = 0; j < mat[i].length; j++){
        System.out.print(mat[i][j] + " ");
     }
        System.out.print("\n");
     }

  // Imprime o vetor
  System.out.println("\nVetor:");
  for(i = 0; i < vetor.length; i++){
     System.out.print(vetor[i] + " ");
  }
  }
}
```

7.6.5.3 LêMatriz-montaArray-imprime2:

```
/* Lê uma matriz 10x5 e armazena-a, linha a linha, em um
   array unidimensional, e depois imprime o array formado.*/
import java.util.Scanner;
public class DeMatrizParaArray_2 {
    public static void main (String args[]) {

        int mat[][] = new int[10][5];
        int vetor[] = new int[50];
        int i, j;
        Scanner entrada = new Scanner(System.in);
        // Ler os valores para a matriz
        System.out.println("\nDigite os valores para a matriz:");
        for(i = 0; i < mat.length; i++){
           for(j = 0; j < mat[i].length; j++){
              System.out.print("[" + i + "][" + j + "]: ");
           mat[i][j] = entrada.nextInt();
```

```
        }
    }
    // Copia os elementos da matriz para o array
    for(i = 0; i < mat.length; i++){
        for(j = 0; j < mat[i].length; j++){
            vetor[(i * mat[i].length) + j] = mat[i][j];
        }
    }

    // Imprime o vetor
    System.out.println("\nVetor:");
    for(i = 0; i < vetor.length; i++){
        System.out.print(vetor[i] + " ");
    }
    }
}
```

7.6.5.4 LêMatriz-montaPorColuna-imprime:

```
/* Lê uma matriz 10x5 e armazena-a, coluna a coluna, em um
   array unidimensional, e depois imprime o array formado.*/
import java.util.Scanner;
public class DeMatrizParaArray_3 {
    public static void main (String args[]) {

        int mat[][] = new int[10][5];
        int vetor[] = new int[50];
        int i, j;

        Scanner entrada = new Scanner(System.in);
        // Ler os valores para a matriz
        System.out.println("\nDigite os valores para a matriz:");
        for(i = 0; i < mat.length; i++){
            for(j = 0; j < mat[i].length; j++){
                System.out.print("[" + i + "][" + j + "]: ");
            mat[i][j] = entrada.nextInt();
            }
        }

        // Copia os elementos da matriz para o array
        for(j = 0; j < mat[j].length; j++){
            for(i = 0; i < mat.length; i++){
                vetor[(j * mat.length) + i] = mat[i][j];
            }
```

```
        }
        // Imprime o vetor
        System.out.println("\nVetor:");
        for(i = 0; i < vetor.length; i++){
           System.out.print(vetor[i] + " ");
        }
    }
}
```

7.6.5.5 LêArray-montaMatrizPorLinha-imprime:

```
/* Lê um array unidimensional de 20 elementos e armazena
   os elementos (linha a linha) numa matriz 5x4;
   no final imprime a matriz criada. */
import java.util.Scanner;
public class DeArrayParaMatriz {
    public static void main (String args[]) {

        int a[][] = new int[5][4];
        int b[] = new int[20];
        int i, j;

        Scanner entrada = new Scanner(System.in);
        // Leitura do array de entrada.
        System.out.println("\nDigite os valores para o array:");
        for(i = 0; i < b.length; i++){
           b[i] = entrada.nextInt();
        }

        // Laço para construir a matriz a partir do array,
        // linha a linha.
        for(i = 0; i < a.length; i++){
           for(j = 0; j < a[i].length; j++){
           a[i][j] = b[(i * a[i].length) + j];
             }
        }

        // Imprime a matriz criada.
        System.out.println("\nMatriz criada:");
        for(i = 0; i < a.length; i++){
           for(j = 0; j < a[i].length; j++){
              System.out.print(a[i][j] + " ");
        }
        System.out.print("\n");
          }
    }
}
```

7.6.5.6 LêArray-montaMatrizPorColuna-imprime:

```java
/* Lê um array unidimensional de 20 elementos e armazena
   os elementos (coluna a coluna) numa matriz 5x4;
   no final imprime a matriz criada. */
import java.util.Scanner;
public class DeArrayParaMatriz_2 {
    public static void main (String args[]) {

        int a[][] = new int[5][4];
        int b[] = new int[20];
        int i, j;

        Scanner entrada = new Scanner(System.in);
        // Leitura do array de entrada.
        System.out.println("\nDigite os valores para o array:");
        for(i = 0; i < b.length; i++){
            b[i] = entrada.nextInt();
        }

        /* Laço para construir a matriz a partir do array, *
         * coluna a coluna.                                 */
        for(j = 0; j < a[j].length; j++){
          for(i = 0; i < a.length; i++){
                a[i][j] = b[(j * a.length) + i];
            }
        }

        // Imprime a matriz criada.
        System.out.println("\nMatriz:");
        for(i = 0; i < a.length; i++){
          for(j = 0; j < a[i].length; j++){
                System.out.print(a[i][j] + " ");
            }
            System.out.print("\n");
        }
    }
}
```

7.6.5.7 Corrige-prova-objetiva:

```java
/* Corrige a prova do vestibular de Sistemas de Informação da
   Faculdade Atual e imprime os dados dos candidatos com a
   pontuação obtida. */
import java.util.Scanner;
public class Vestibular {
    public static void main (String args[]) {
```

```java
String resp[] = new String[10];
String gaba[] = new String[10];
String nome;
int i, insc, noCertas;

Scanner entrada = new Scanner(System.in);

// Leitura do gabarito da prova.
System.out.println("Gabarito:");
for(i = 0; i < gaba.length; i++){
   System.out.print((i + 1) + "ª questão: ");
      gaba[i] = entrada.next();
}
// Leitura do primeiro candidato.
System.out.println("\nNº de inscrição do Candidato.
                    [0 p/ encerrar]:");
insc = entrada.nextInt();
// Laço para corrigir a prova do candidato lido.
while (insc != 0){
      System.out.print("Nome do Candidato: ");
      nome = entrada.next();
      System.out.println("Respostas do Candidato:");
   for(i = 0; i < resp.length; i++){
      System.out.print((i+1) + "ª questão: ");
      resp[i] = entrada.next();
   }
    noCertas = 0;
   for (i = 0; i < resp.length; i++){
      if(gaba[i].equalsIgnoreCase(resp[i])){
         noCertas++;
      }
   }
   System.out.println (insc + " " + nome + " Nº de
                       pontos = " + noCertas);
   // Leitura do próximo candidato.
   System.out.println("\nNº de inscrição do Candidato.
                       [0 p/ encerrar]:");
   insc = entrada.nextInt();
}
  }
}
```

7.6.5.8 Corrige-prova-objetiva-detmaiorpontuação:

```
/* Lê o gabarito de uma prova com 15 questões e armazena num
 * array. Em seguida lê número de inscrição e respostas de
 * vários alunos. Determina e imprime o número de candidatos,
 * o candidato com maior número de acertos e o número de
 * acertos. */
import java.util.Scanner;
public class Concurso {
    public static void main (String args[]) {

        String gaba[] = new String[15];
        String resp[] = new String[15];
        int insc, acertos, nCand, inscMaior, maiorAcertos, i;

        Scanner entrada = new Scanner(System.in);
        /* Inicializar contador de candidatos e variável
         * que contém maior número de acertos. */
        maiorAcertos = -1;
        nCand = 0;
        inscMaior = 0;
        // Ler gabarito.
        System.out.println ("Gabarito:");
        for(i = 0; i < gaba.length; i++){
          System.out.print((i+1) + "ª questão: ");
           gaba[i] = entrada.next();
        }
         // Ler dados do primeiro aluno
         System.out.println("\nNº de inscrição do aluno. [0
                            p/ encerrar]:");
         insc = entrada.nextInt();
         while (insc != 0) {
          System.out.println("Respostas do aluno:");
         for(i = 0; i < resp.length; i++){
             System.out.print((i+1) + "ª questão: ");
              resp[i] = entrada.next();
         }
            acertos = 0;
            for(i = 0; i < gaba.length; i++){
               if(gaba[i].equalsIgnoreCase(resp[i])){
                  acertos++;
               }
            }
            // Teste para determinar o maior número de acertos.
            if(acertos > maiorAcertos){
```

202

```
            maiorAcertos = acertos;
            inscMaior = insc;
         }
         System.out.println ("Inscrição: " + insc +
                              "\tAcertos: " + acertos);
         nCand++;
         // Ler próximo candidato.
         System.out.println("\nNº de inscrição do aluno.
                              [0 p/ encerrar]:");
         insc = entrada.nextInt();
      }

      // Impressão dos resultados.
      System.out.println ("Número de Candidatos = " + nCand);
      System.out.println ("Candidato com maior número de
                           acertos = " + inscMaior);
      System.out.println ("Número de acertos = " +
                           maiorAcertos);
   }
}
```

7.6.5.9 Imprime-rel-quebra:

Falta traduzir esse algoritmo

7.6.5.10 Elementos-naocomuns-de2conj:

```
/* Lê dois conjuntos de números inteiros, um com 10
 * elementos e o outro com 20 elementos, e apresenta
 * os elementos que não são comuns aos dois conjuntos. */
import java.util.Scanner;
public class ElementosNaoComuns {
   public static void main (String args[]) {

      int a[] = new int[10];
      int b[] = new int[20];
      int i, j;
      boolean encontrou;

      Scanner entrada = new Scanner(System.in);
      // Leitura dos dois arrays de entrada.
      System.out.println("Digite os valores para o array A:");
      for(i = 0; i < a.length; i++){
         a[i] = entrada.nextInt();
```

```
   }
   System.out.println("Digite os valores para o array B:");
   for(i = 0; i < b.length; i++){
      b[i] = entrada.nextInt();
   }

   // Laço para comparar os elementos do conjunto A
   // com os elementos do conjunto B.
   for(i = 0; i < a.length; i++){
      encontrou = false;
        j = 0;
        while ((j < b.length) && (!encontrou)){
           if(a[i] == b[j]){
              encontrou = true;
              }
              j++;
        }
        if(!encontrou){
           System.out.println ("Este elemento não é comum
                               aos dois conjuntos: " + a[i]);
        }
   }
 }
}
```

7.6.5.11 Elementos-comuns-de2conj:

```
/* Lê dois conjuntos de números inteiros, um com 10
 * elementos e o outro com 20 elementos, e apresenta
 * os elementos que são comuns aos dois conjuntos. */
import java.util.Scanner;
public class ElementosComuns {
    public static void main (String args[]) {

        int a[] = new int[10];
        int b[] = new int[20];
        int i, j;
        boolean encontrou;

        Scanner entrada = new Scanner(System.in);
        // Leitura dos dois arrays de entrada.
        System.out.println("Digite os valores para o array A:");
        for(i = 0; i < a.length; i++){
           a[i] = entrada.nextInt();
        }
        System.out.println("Digite os valores para o array B:");
        for(i = 0; i < b.length; i++){
           b[i] = entrada.nextInt();
        }
```

```
// Laço para comparar os elementos do conjunto A
// com os elementos do conjunto B.
for(i = 0; i < a.length; i++){
    encontrou = false;
    j = 0;
      while ((j < b.length) && (!encontrou)){
          if(a[i] == b[j]){
              encontrou = true;
          }
          j++;
      }
      if(encontrou){
      System.out.println ("Este elemento é comum aos
                              dois conjuntos: " + a[i]);
      }
   }
  }
}
```

7.6.5.12 Lê-conj-verifica-elemento:

```
/* Lê um conjunto de 20 elementos numéricos e
   verifica se existem elementos iguais a 30;
   se existirem, escrever as posições em
   que estão armazenados. */
import java.util.Scanner;
public class VerificaValores {
    public static void main (String args[]) {

        int conj[] = new int[20];
        int i;

        Scanner entrada = new Scanner(System.in);

        System.out.println("Digite os valores para o array:");
        for(i = 0; i < conj.length; i++){
            conj[i] = entrada.nextInt();
        }

        System.out.println ("Posições dos valores iguais a 30:");
        for(i = 0; i < conj.length; i++){
            if(conj[i] == 30){
              System.out.println (i);
            }
        }
    }
}
```

7.6.5.13 Lê-2conj-intercala:

```
01 /* Lê dois conjuntos com 15 elementos numéricos cada e faz
02    a intercalação entre eles. Considerando que os dois
03    conjuntos se encontram ordenados.  */
04 import java.util.Scanner;
05 public class IntercalaConjuntos_3 {
06    5public static void main (String args[]) {
07        final int no = 15;
08        int a[] = new int[no];
09        int b[] = new int[no];
10        int c[] = new int[2*no];
11        int i, j, k, n;
12
13        Scanner entrada = new Scanner(System.in);
14
15        System.out.println("Digite os valores para o
16                        conjunto A:");
17        for(i = 0; i < no; i++){
18          a[i] = entrada.nextInt();
19        }
20
21        System.out.println("Digite os valores para o
22                        conjunto B:");
23        for(i = 0; i < no; i++){
24          b[i] = entrada.nextInt();
25        }
26
27        i = 0;
28        j = 0;
29        k = 0;
30        while (k < (2 * no)){
31          if (a[i] > b[j]){
32          c[k] = b[j];
33          j++;
34          if (j == no){
35            for (n = i; n < no; n++){
36                 k++;
37                 c[k] = a[n];
38            }
39          }
40        }else{
41          c[k] = a[i];
42          i++;
43          if (i == no){
```

```
44              for (n = j; n < no; n++){
45                  k++;
46                  c[k] = b[n];
47              }
48          }
49      }
50      k++;
51      }
52      System.out.println ("Conjunto intercalado:");
53      for(i = 0; i < (2 * no); i++){
54          System.out.print(c[i] + " ");
55      }
56  }
57 }
```

7.6.5.14 Corrige-prova-objetiva-e-classifica:

/* Corrige a prova do vestibular de Sistemas de Informação da *
* Faculdade Atual e imprime os dados dos candidatos com a   *
* pontuação obtida; classificados em ordem decrescente.   */
```
import java.util.Scanner;
public class Vestibular_2 {
  public static void main (String args[]) {
    String nome[] = new String[10];
    String resp[][] = new String[10][15];
        String gaba[] = new String[15];
        int insc[] = new int[10];
    int noCertas[] = new int[10];
        int i, j, temp, tempInsc;
        String tempNome;
        boolean terminou;

    Scanner entrada = new Scanner(System.in);

        // Leitura do gabarito da prova.
        System.out.println("Gabarito:");
        for(i = 0; i < gaba.length; i++){
        System.out.print((i + 1) + "ª questão: ");
          gaba[i] = entrada.next();
        }
        // Leitura e processamento dos dados dos candidatos.
        for (i = 0; i < insc.length; i++) {
          System.out.println ("Dados do " + (i+1) +
              "º candidato:");
          System.out.print ("Inscrição: ");
```

```
                insc[i] = entrada.nextInt();
                System.out.print ("Nome: ");
                nome[i] = entrada.next();
                System.out.println ("Respostas:");
        for (j = 0; j < resp[i].length; j++) {
                        System.out.print((j+1) + "ª questão: ");
                        resp[i][j] = entrada.next();
                }
        // Laço para corrigir a prova do candidato lido.
                noCertas[i] = 0;
                for (j = 0; j < gaba.length; j++) {
                  if(resp[i][j].equalsIgnoreCase(gaba[j])){
                                noCertas[i]++;
                  }
                }
        }

        // Ordenação crescente dos candidatos pelo número
    // de questões certas.
                terminou = false;
                while (!terminou){
                terminou = true;
                for (i = 0; i < (insc.length - 1); i++) {
                        if(noCertas[i] < noCertas[i+1]){
                          temp = noCertas[i];
                                noCertas[i] = noCertas[i+1];
                                noCertas[i+1] = temp;
                                tempInsc = insc[i];
                                insc[i] = insc[i+1];
                                insc[i+1] = tempInsc;
                                tempNome = nome[i];
                                nome[i] = nome[i+1];
                                nome[i+1] = tempNome;
                                terminou = false;
                        }
                }
                }
        // Imprimir inscrição dos candidatos aprovados e
    // pontuação obtida.
                System.out.println ("Relação de candidatos aprovados");
                for (i = 0; i < insc.length; i++) {
                System.out.println ("Insc: " + insc[i] + "\t\tNome:
" + nome[i] + "\t\tPontuação: " + noCertas[i]);
                }
                System.out.println ("*** Fim de Listagem ***");
  }
}
```

7.6.5.15 Exercício Proposto: Faça a codificação do algoritmo constante da seção.

IMPLEMENTAÇÃO DE ALGORITMOS EM JAVA: ARQUIVOS SEQUENCIAIS

7.6.6.1 LêArquivo-imprimeRelatório1:

A classe **AlunoRegistro** será utilizada nos próximos exercícios, sobre arquivos sequenciais, para acessar os registros que compõem o arquivo ALUNOS. Cada um dos registros contêm: o número de matrícula, o nome, o sobrenome, o código da turma, o código da disciplina e três notas de cada aluno. Observe o código abaixo, nas linhas 4 e 5 foram declarados oito atributos correspondentes aos dados acima citados.

O código presente nas linhas 7 até 16 forma o método construtor da classe. Um método construtor é executado toda vez que a classe é instanciada e seu objetivo é inicializar os atributos da classe.

O restante da classe é formado por métodos *gets* e *sets*. Um método *set* (veja as linhas 17, 23, 29, 35, 41, 47, 53 e 59) serve para *setar,* ou seja, atribuir valores aos atributos da classe, para tanto recebe como parâmetro o valor que deve ser atribuído ao atributo correspondente. Já um método *get* (linhas 20, 26, 32, 38, 44, 50, 56 e 62) serve para "pegar" ou retornar o valor que está armazenado em um atributo.

```
1 // Esta classe será utilizada para acessar os registros
2 // do arquivo ALUNOS
3 public class AlunoRegistro{
4     private String mat, nome, sobrenome, turma, codDisc;
5     private double nota1, nota2, nota3;
6
7     public AlunoRegistro(){
8         mat = "";
9         nome = "";
10        sobrenome = "";
11        turma = "";
12        codDisc = "";
13        nota1 = 0.0;
14        nota2 = 0.0;
15        nota3 = 0.0;
```

```
16    }
17    public void setMat(String m){
18        mat = m;
19    }
20    public String getMat(){
21        return mat;
22    }
23    public void setNome(String n){
24        nome = n;
25    }
26    public String getNome(){
27        return nome;
28    }
29    public void setSobrenome(String s){
30        sobrenome = s;
31    }
32    public String getSobrenome(){
33        return sobrenome;
34    }
35    public void setTurma(String t){
36        turma = t;
37    }
38    public String getTurma(){
39        return turma;
40    }
41    public void setCodDisc(String c){
42        codDisc = c;
43    }
44    public String getCodDisc(){
45        return codDisc;
46    }
47    public void setNota1(double n1){
48        nota1 = n1;
49    }
50    public double getNota1(){
51        return nota1;
52    }
53    public void setNota2(double n2){
54        nota2 = n2;
55    }
56    public double getNota2(){
57        return nota2;
58    }
59    public void setNota3(double n3){
60        nota3 = n3;
```

```
61      }
62      public double getNota3(){
63          return nota3;
64      }
65 }
```

Digite o código acima e salve em um arquivo com o nome **AlunoRegistro.java**.

A classe **LerArquivo1** utiliza a classe **AlunoRegistro** para ler os dados gravados no arquivo ALUNOS.

As linhas 2, 3, 4, 5 e 6 importam as classes da biblioteca de Java, necessárias para se trabalhar com arquivos. A linha 11 cria um objeto **entrada** do tipo Scanner conectado ao arquivo ALUNOS, essa operação gerará um erro caso o arquivo especificado não exista, então faz-se necessário utilizar uma estrutura de proteção conhecida como *try..catch* para evitar que o programa termine de maneira inesperada caso haja algum erro. A estrutura *try..catch* funciona da seguinte maneira: primeiro será feita uma tentativa de executar o comando presente no bloco *try* (linha 11), caso haja algum erro serão excutados os comandos do bloco *catch* (linhas 13 e 14).

O comando da linha 22 instancia a classe **AlunoRegistro,** isto é, cria um objeto chamado **reg** do tipo AlunoRegistro. Em seguida utiliza-se uma estrutura **while** para percorrer todo o arquivo representado pelo objeto entrada (veja a linha 24); o método **hasNext** avança para o próximo registro e retorna verdadeiro enquanto não for atingido o final do arquivo; dessa maneira podemos acessar todos o registros do arquivo, de maneira sequencial, um de cada vez a cada interação da estrutura **while**. As linhas 25 a 32 lêm os dados do registro atual e armazenam nos atributos do objeto **reg** utilizando-se dos métodos *sets*.

Observe que todo o laço *while* está dentro de um bloco *try* com dois *catchs* para capturar eventuais exceções que possam ocorrer.

```
1 // Imprime uma lista de frequência, a partir do arquivo ALUNOS
2 import java.io.File;
3 import java.io.FileNotFoundException;
4 import java.lang.IllegalStateException;
5 import java.util.NoSuchElementException;
6 import java.util.Scanner;
7 public class LerArquivo1{
8     private Scanner entrada;
9     public void abrirArquivo(){
10        try{
11          entrada = new Scanner(new File("ALUNOS"));
12        }catch(FileNotFoundException ex){
```

```
13          System.err.println("Erro ao abrir o arquivo.");
14          System.exit(0);
15        }
16   }
17   public void leRegistro(){
18        int nPag, nLin, ordem;
19        nPag = 0;
20        nLin = 30;
21        ordem = 0;
22        AlunoRegistro reg = new AlunoRegistro();
23        try{
24          while(entrada.hasNext()){
25             reg.setMat(entrada.next());
26             reg.setNome(entrada.next());
27             reg.setSobrenome(entrada.next());
28             reg.setTurma(entrada.next());
29             reg.setCodDisc(entrada.next());
30             reg.setNota1(entrada.nextDouble());
31             reg.setNota2(entrada.nextDouble());
32             reg.setNota3(entrada.nextDouble());
33             if(nLin > 29){
34                 nPag++;
35                 cabecalho(nPag);
36                 nLin = 0;
37             }
38             nLin++;
39             ordem++;
40             System.out.printf("%-6d%-12s%-12s%-12s%-30s\n",
41             ordem, reg.getMat(), reg.getNome(),
42             reg.getSobrenome(),"_____
43                              __");
44          }
45          System.out.printf("********************************
46          ***********************************************\n");
49        }catch(NoSuchElementException ex){
50          System.err.println("Arquivo corrompido.");
51          entrada.close();
52          System.exit(1);
53        }catch(IllegalStateException ex){
54          System.err.println("Erro durante a leitura do
55                              arquivo.");
56          System.exit(1);
57        }
58   }
59   public void fecharArquivo(){
```

```
60        if(entrada != null) entrada.close();
61    }
62
63    public void cabecalho(int nPag){
64    System.out.printf ("-------------------------------------------------------------------------
65              --------------------------------------------------------------------------------\n");
66    System.out.printf ("Faculdade XYZ     Pág - %d\n", nPag);
67    System.out.printf ("Sistema de Controle Acadêmico –
68              Curso de Bacharelado em Sistemas de Informação\n");
69    System.out.printf ("Relação de Frequência –
70                      Disciplina Programação\n");
71    System.out.printf ("-------------------------------------------------------------------------
72          --------------------------------------------------------------------------------\n");
73    System.out.printf ("%-6s%-12s%-12s%-12s%-12s\n",
74    "ORDEM", "MATRÍCULA", "NOME", "SOBRENOME", "ASSINATURA");
75    System.out.printf ("-------------------------------------------------------------------------
76          --------------------------------------------------------------------------------\n");
77
78    }
79 }
```

Digite o código acima e salve em um arquivo com o nome **LerArquivo1.java**.

As duas classe anteriores não podem ser executadas diretamente pois não possuem um método **main,** então devemos criar uma outra classe que contenha o método **main** para instanciar as classes que irão manipular o arquivo ALUNOS. Digite o código abaixo e salve com o nome **Relatorio1.java**.

Observação: os arquivos **AlunoRegistro.java, LerArquivo1.java** e **Relatorio1.java** bem como o arquivo ALUNOS deverão estar na mesma pasta.

A linha 4 cria um objeto do tipo **LerArquivo1**, chamado **alunos**.

As linhas 5, 6 e 7 chamam os métodos abrirArquivo(), leRegistro() e fecharArquivo() do objeto **alunos** que é uma instância da classe LerArquivo1.

Compile os três arquivos:
javac AlunoRegistro.java
javac LerArquivo1.java
javac Relatorio1.java
E em seguida execute a classe Relatorio1:
java Relatorio1

```
1 // Instancia a classe LerArquivo1
2 public class Relatorio1{
```

```
3    public static void main(String args[]){
4        LerArquivo1 alunos = new LerArquivo1();
5        alunos.abrirArquivo();
6        alunos.leRegistro();
7        alunos.fecharArquivo();
8    }
9 }
```

7.6.6.2 LêArquivo-imprimeRelatório2:

```
// A partir do arquivo ALUNOS, gera um relatório de alunos
// aprovados e reprovados.
import java.io.File;
import java.io.FileNotFoundException;
import java.lang.IllegalStateException;
import java.util.NoSuchElementException;
import java.util.Scanner;
public class LerArquivo2{
    private Scanner entrada;
    public void abrirArquivo(){
        try{
            entrada = new Scanner(new File("ALUNOS"));
        }catch(FileNotFoundException ex){
            System.err.println("Erro ao abrir o arquivo.");
            System.exit(0);
        }
    }
    public void leRegistro(){
    int nPag, nLin, ordem;
    double media;
        String situacao;

        nPag = 0;
        nLin = 30;
        ordem = 0;
        AlunoRegistro reg = new AlunoRegistro();
        try{
            while(entrada.hasNext()){
                reg.setMat(entrada.next());
                reg.setNome(entrada.next());
                reg.setSobrenome(entrada.next());
                reg.setTurma(entrada.next());
                reg.setCodDisc(entrada.next());
                reg.setNota1(entrada.nextDouble());
```

214

```
        reg.setNota2(entrada.nextDouble());
        reg.setNota3(entrada.nextDouble());
        if(nLin > 29){
            nPag++;
            cabecalho(nPag);
            nLin = 0;
        }
        nLin++;
        ordem++;
        media = (reg.getNota1() + reg.getNota2() +
                reg.getNota3()) / 3.0;
        if(media >= 5.0){
                situacao = "APROVADO";
        } else {
                situacao = "REPROVADO";
        }
        System.out.printf("%-6d%-12s%-10s%-
                10s%6.1f%6.1f%6.1f%6.1f%15s\n", ordem,
                reg.getMat(), reg.getNome(),
                reg.getSobrenome(), reg.getNota1(),
                reg.getNota2(), reg.getNota3(),
                media, situacao);
        }
        System.out.printf ("***********************************************
        *********************************************************\n");
    }catch(NoSuchElementException ex){
        System.err.println("Arquivo corrompido.");
        entrada.close();
        System.exit(1);
    }catch(IllegalStateException ex){
        System.err.println("Erro durante a leitura do
                        arquivo.");
        System.exit(1);
    }
}
public void fecharArquivo(){
    if(entrada != null) entrada.close();
}
public void cabecalho(int nPag){
    System.out.printf ("--------------------------------------------------------------------
            --------------------------------------------------------------------\n");
    System.out.printf ("Faculdade XYZ    Pág - %d\n", nPag);
    System.out.printf ("Sistema de Controle Acadêmico –
            Curso de Bacharelado em Sistemas de Informação\n");
    System.out.printf ("Relação de Alunos com Situação Final
```

215

```
                             - Disciplina Programação\n");
            System.out.printf ("-----------------------------------------------------------------
                          ------------------------------------------------------------------\n");
            System.out.printf ("%-6s%-12s%-10s%-
                  10s%6s%6s%6s%12s%9s\n", "ORDEM", "MATRÍCULA",
                  "NOME", "SOBRENOME", "NOTA1", "NOTA2", "NOTA3",
                  "MÉDIA_FINAL", "SITUAÇÃO");
            System.out.printf ("-----------------------------------------------------------------
                          ------------------------------------------------------------------\n");

      }
}


// Instancia a classe LerArquivo2
public class Relatorio2{
    public static void main(String args[]){
        LerArquivo2 alunos = new LerArquivo2();
        alunos.abrirArquivo();
        alunos.leRegistro();
        alunos.fecharArquivo();
    }
}
```

7.6.6.3 LêArquivo-imprimeListaPorTurma:

```
// Imprime uma lista de frequência, por turma para
// cada disciplina, a partir do arquivo ALUNOS.
import java.io.File;
import java.io.FileNotFoundException;
import java.lang.IllegalStateException;
import java.util.NoSuchElementException;
import java.util.Scanner;
public class LerArquivo3{
    int nPag, nLin, ordem;
    String codDiscAnterior;

    public void lerRegistro(){
        Scanner entrada1 = null;

        try{
            entrada1 = new Scanner(new File("ALUNOS"));
        }catch(FileNotFoundException ex){
            System.err.println("Erro ao abrir o arquivo.");
            System.exit(0);
        }
```

```
      nPag = 0;
      nLin = 30;
      ordem = 0;
      codDiscAnterior = "";
      AlunoRegistro reg1 = new AlunoRegistro();
      try{
        while(entrada1.hasNext()){
           reg1.setMat(entrada1.next());
           reg1.setNome(entrada1.next());
           reg1.setSobrenome(entrada1.next());
           reg1.setTurma(entrada1.next());
           reg1.setCodDisc(entrada1.next());
           reg1.setNota1(entrada1.nextDouble());
           reg1.setNota2(entrada1.nextDouble());
           reg1.setNota3(entrada1.nextDouble());
           if(!reg1.getCodDisc().equalsIgnoreCase(
                            codDiscAnterior)){
              lerRegistro2(reg1.getCodDisc());
              codDiscAnterior = reg1.getCodDisc();
           }
        }
      }catch(NoSuchElementException ex){
         System.err.println("Arquivo corrompido.");
         entrada1.close();
         System.exit(1);
      }catch(IllegalStateException ex){
         System.err.println("Erro durante a leitura
                            do arquivo.");
         System.exit(1);
      }
      if(entrada1 != null) entrada1.close();
   }

   public void lerRegistro2(String codDiscAnt){
      String turmaAnt;
      Scanner entrada2 = null;

      try{
         entrada2 = new Scanner(new File("ALUNOS"));
      }catch(FileNotFoundException ex){
         System.err.println("Erro ao abrir o arquivo.");
         System.exit(0);
      }
      turmaAnt = "";
      AlunoRegistro reg2 = new AlunoRegistro();
      try{
```

217

```java
        while(entrada2.hasNext()){
            ordem = 0;
            reg2.setMat(entrada2.next());
            reg2.setNome(entrada2.next());
            reg2.setSobrenome(entrada2.next());
            reg2.setTurma(entrada2.next());
            reg2.setCodDisc(entrada2.next());
            reg2.setNota1(entrada2.nextDouble());
            reg2.setNota2(entrada2.nextDouble());
            reg2.setNota3(entrada2.nextDouble());
            if(reg2.getCodDisc().equalsIgnoreCase(
               codDiscAnt) && (!reg2.getTurma().
               equalsIgnoreCase(turmaAnt))){
                        turmaAnt = reg2.getTurma();
                        lerRegistro3(reg2.getCodDisc(),
                        reg2.getTurma());
            }
        }
    }catch(NoSuchElementException ex){
        System.err.println("Arquivo corrompido.");
        entrada2.close();
        System.exit(1);
    }catch(IllegalStateException ex){
        System.err.println("Erro durante a leitura
                          do arquivo.");
        System.exit(1);
    }
    if(entrada2 != null) entrada2.close();
}

public void lerRegistro3(String codDiscAnt, String turmaAnt){
    Scanner entrada3 = null;
    try{
        entrada3 = new Scanner(new File("ALUNOS"));
    }catch(FileNotFoundException ex){
        System.err.println("Erro ao abrir o arquivo.");
        System.exit(0);
    }

    AlunoRegistro reg3 = new AlunoRegistro();
    try{
        while((entrada3.hasNext())){
            reg3.setMat(entrada3.next());
            reg3.setNome(entrada3.next());
            reg3.setSobrenome(entrada3.next());
            reg3.setTurma(entrada3.next());
            reg3.setCodDisc(entrada3.next());
```

218

```
reg3.setNota1(entrada3.nextDouble());
reg3.setNota2(entrada3.nextDouble());
reg3.setNota3(entrada3.nextDouble());
if((reg3.getCodDisc().equalsIgnoreCase(
    codDiscAnt)) && (reg3.getTurma().
    equalsIgnoreCase(turmaAnt))){
  if(nLin > 29){
      nPag++;
      cabecalho(nPag, reg3.getCodDisc(),
                      reg3.getTurma());
      nLin = 0;
  }
  nLin++;
  ordem++;
  System.out.printf("%-6d%-12s%-12s%-12s%-30s\n",
          ordem, reg3.getMat(), reg3.getNome(),
          eg3.getSobrenome(),"_____
          _____");
}
}
System.out.printf ("************************************************
    **************************************************************\n");
nLin = 30;
}catch(NoSuchElementException ex){
System.err.println("Arquivo corrompido.");
entrada3.close();
System.exit(1);
}catch(IllegalStateException ex){
System.err.println("Erro durante a leitura
                    do arquivo.");
System.exit(1);
}
if(entrada3 != null) entrada3.close();
}

    public void cabecalho(int nPag, String disciplina,
                                String turma){
        System.out.printf ("-----------------------------------------------------------------
        -----------------------------------------------------------\n");
        System.out.printf ("Faculdade XYZ     Pág - %d\n", nPag);
        System.out.printf ("Sistema de Controle Acadêmico - Curso
```

```
                    de Bacharelado em Sistemas de Informação\n");
        System.out.printf ("Disciplina: %s                    Turma: %s\n",
                                                  disciplina, turma);
        System.out.printf ("-------------------------------------------------------------
        ------------------------------------------------------------------------\n");
        System.out.printf ("%-6s%-12s%-12s%-12s%-12s\n", "ORDEM",
            "MATRÍCULA", "NOME", "SOBRENOME", "ASSINATURA");
        System.out.printf ("-------------------------------------------------------------
        ------------------------------------------------------------------------\n");

    }
}


// Instancia a classe LerArquivo3
public class ListaPorTurma{
    public static void main(String args[]){
        LerArquivo3 alunos = new LerArquivo3();
        alunos.lerRegistro();
    }
}
```

7.6.6.4 LêArquivo-contaAlunosPorTurma-imprime:

```
// A partir do arquivo ALUNOS, gera um relatório com o número
// de alunos de cada turma de cada disciplina.
import java.io.File;
import java.io.FileNotFoundException;
import java.lang.IllegalStateException;
import java.util.NoSuchElementException;
import java.util.Scanner;
public class LerArquivo4{
    int nPag, nLin, contTurma;
    String codDiscAnterior;

    public void lerRegistro(){
      Scanner entrada1 = null;

      try{
          entrada1 = new Scanner(new File("ALUNOS"));
      }catch(FileNotFoundException ex){
          System.err.println("Erro ao abrir o arquivo.");
          System.exit(0);
      }
      nPag = 1;
      nLin = 0;
      contTurma = 0;
```

```
    codDiscAnterior = "";
    AlunoRegistro reg1 = new AlunoRegistro();
    try{
        cabecalho(nPag);
        while(entrada1.hasNext()){
          reg1.setMat(entrada1.next());
          reg1.setNome(entrada1.next());
          reg1.setSobrenome(entrada1.next());
          reg1.setTurma(entrada1.next());
          reg1.setCodDisc(entrada1.next());
          reg1.setNota1(entrada1.nextDouble());
          reg1.setNota2(entrada1.nextDouble());
          reg1.setNota3(entrada1.nextDouble());
          if(!reg1.getCodDisc().equalsIgnoreCase(
                            codDiscAnterior)){
              lerRegistro2(reg1.getCodDisc());
              codDiscAnterior = reg1.getCodDisc();
          }
        }
        System.out.printf("\n*********************************************
        ************************************************************\n");
    }catch(NoSuchElementException ex){
        System.err.println("Arquivo corrompido.");
        entrada1.close();
        System.exit(1);
    }catch(IllegalStateException ex){
        System.err.println("Erro durante a leitura
                        do arquivo.");
        System.exit(1);
    }
    if(entrada1 != null) entrada1.close();
  }

  public void lerRegistro2(String codDiscAnt){
      String turmaAnt;
      Scanner entrada2 = null;

try{
                entrada2 = new Scanner(new File("ALUNOS"));
        }catch(FileNotFoundException ex){
                System.err.println("Erro ao abrir o arquivo.");
                System.exit(0);
        }

turmaAnt = "";
        System.out.printf ("\nDisciplina: %s\n", codDiscAnt);
        AlunoRegistro reg2 = new AlunoRegistro();
```

221

```
        try{
                while(entrada2.hasNext()){
                contTurma = 0;
                reg2.setMat(entrada2.next());
                reg2.setNome(entrada2.next());
                reg2.setSobrenome(entrada2.next());
                reg2.setTurma(entrada2.next());
                reg2.setCodDisc(entrada2.next());
                reg2.setNota1(entrada2.nextDouble());
                reg2.setNota2(entrada2.nextDouble());
                reg2.setNota3(entrada2.nextDouble());
if(reg2.getCodDisc().equalsIgnoreCase(
codDiscAnt) && (!reg2.getTurma().
equalsIgnoreCase(turmaAnt))){
                        turmaAnt = reg2.getTurma();
                        lerRegistro3(reg2.getCodDisc(),
reg2.getTurma());
                }
                }
        }catch(NoSuchElementException ex){
                System.err.println("Arquivo corrompido.");
                entrada2.close();
                System.exit(1);
        }catch(IllegalStateException ex){
                System.err.println("Erro durante a leitura
do arquivo.");
                System.exit(1);
        }
        if(entrada2 != null) entrada2.close();
}

public void lerRegistro3(String codDiscAnt, String turmaAnt){
        Scanner entrada3 = null;

        try{
          entrada3 = new Scanner(new File("ALUNOS"));
        }catch(FileNotFoundException ex){
        System.err.println("Erro ao abrir o arquivo.");
        System.exit(0);
        }

        AlunoRegistro reg3 = new AlunoRegistro();
        try{
        while((entrada3.hasNext())){
                reg3.setMat(entrada3.next());
```

222

```java
                reg3.setNome(entrada3.next());
                reg3.setSobrenome(entrada3.next());
                reg3.setTurma(entrada3.next());
                reg3.setCodDisc(entrada3.next());
                reg3.setNota1(entrada3.nextDouble());
                reg3.setNota2(entrada3.nextDouble());
                reg3.setNota3(entrada3.nextDouble());
                if((reg3.getCodDisc().equalsIgnoreCase(codDiscAnt))
                  && (reg3.getTurma().equalsIgnoreCase(turmaAnt))){
                  if(nLin > 29){
                      nPag++;
                      cabecalho(nPag);
                      nLin = 0;
                    }
                  contTurma++;
                }
          }
      System.out.printf("\tTurma: %s - %d\n", turmaAnt,
                          contTurma);
      nPag = 1;
      nLin++;
    }catch(NoSuchElementException ex){
    System.err.println("Arquivo corrompido.");
      entrada3.close();
      System.exit(1);
    }catch(IllegalStateException ex){
      System.err.println("Erro durante a leitura do
                            arquivo.");
      System.exit(1);
    }
    if(entrada3 != null) entrada3.close();
  }

  public void cabecalho(int nPag){
      System.out.printf ("\n---------------------------------------------------------------------------
      --------------------------------------------------------------------------\n");
      System.out.printf ("Faculdade XYZ     Pág - %d\n", nPag);
      System.out.printf ("Sistema de Controle Acadêmico – Curso
                de Bacharelado em Sistemas de Informação\n\n");
      System.out.printf ("Quantitativo de alunos por disciplina
                      e turma\n");

  }
}
// Instancia a classe LerArquivo4
```

223

```
public class ContaAlunosPorTurma{
    public static void main(String args[]){
        LerArquivo4 alunos = new LerArquivo4();
        alunos.lerRegistro();
    }
}
```

Referências

FURTADO, A. B. **Programação Estruturada em COBOL**. 2ª ed. Rio de Janeiro: Campus, 1984.

FURTADO, A. B.; COSTA JÚNIOR, J. V. da. **Prática de Análise e Projeto de Sistemas**. Belém: Abfurtado.com.br, 2010.

HORSTMANN, C. S.; CORNELL, G. **Core Java Vol. I – Fundamentos**. 7ª ed. Rio de Janeiro: Alta Books, 2005.

Bibliografia

FARRER, H.; BECKER, C. *et als.* **Algoritmos Estruturados"**. 3ª ed. Rio de Janeiro: LTC, 1999.

GUIMARÃES, A. M.; LAGES, N. A. C. **Algoritmos e Estruturas de Dados**. Rio de Janeiro: LTC, 1994.

MANZANO, J. A. N.G.; OLIVEIRA, J. F. **Algoritmos: Lógica para Desenvolvimento de Programação de Computadores**. 13ª ed. São Paulo: Érica, 2000.